essentials

T0194840

Essentials liefern aktuelles Wissen in konzentrierter Form. Die Essenz dessen, worauf es als „State-of-the-Art" in der gegenwärtigen Fachdiskussion oder in der Praxis ankommt. Essentials informieren schnell, unkompliziert und verständlich

- als Einführung in ein aktuelles Thema aus Ihrem Fachgebiet
- als Einstieg in ein für Sie noch unbekanntes Themenfeld
- als Einblick, um zum Thema mitreden zu können.

Die Bücher in elektronischer und gedruckter Form bringen das Expertenwissen von Springer-Fachautoren kompakt zur Darstellung. Sie sind besonders für die Nutzung als eBook auf Tablet-PCs, eBook-Readern und Smartphones geeignet.

Essentials: Wissensbausteine aus Wirtschaft und Gesellschaft, Medizin, Psychologie und Gesundheitsberufen, Technik und Naturwissenschaften. Von renommierten Autoren der Verlagsmarken Springer Gabler, Springer VS, Springer Medizin, Springer Spektrum, Springer Vieweg und Springer Psychologie.

Marcel Stierl • Arved Lüth

Corporate Social Responsibility und Marketing

Eine Einführung in das Transformative
Marketing in Theorie und Praxis

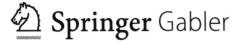 Springer Gabler

Dr. Marcel Stierl

:response
Moselstraße 4
60329 Frankfurt am Main
Deutschland
http://www.good-response.de/

Arved Lüth

:response
Moselstraße 4
60329 Frankfurt am Main
Deutschland
http://www.good-response.de/

Dr. Marcel Stierl

Arved Lüth

ISSN 2197-6708
ISBN 978-3-658-07761-7
DOI 10.1007/978-3-658-07762-4

ISSN 2197-6716 (electronic)
ISBN 978-3-658-07762-4 (eBook)

Die Deutsche Nationalbibliothek verzeichnet diese Publikation in der Deutschen Nationalbibliografie; detaillierte bibliografische Daten sind im Internet über http://dnb.d-nb.de abrufbar.

Springer Gabler
© Springer Fachmedien Wiesbaden 2015

Gedruckt auf säurefreiem und chlorfrei gebleichtem Papier

Springer Gabler ist eine Marke von Springer DE. Springer DE ist Teil der Fachverlagsgruppe Springer Science+Business Media
www.springer-gabler.de

Vorwort

Das Werk basiert auf zwei Quellen: Der Dissertationsschrift „Corporate Social Responsibility – Eine Analyse aus Anbieter- und Kundenperspektive in Business-to-Business Märkten" von Dr. Marcel Stierl, Schriftenreihe des Instituts für Marktorientierte Unternehmensführung (IMU), Universität Mannheim, herausgegeben von Prof. Dr. Hans H. Bauer (em.), Prof. Dr. Dr. h.c. mult. Christian Homburg und Prof. Dr. Sabine Kuester. Die Dissertation analysiert empirisch, wie sich CSR auf das Verhalten von Kunden auswirkt und wurde mehrfach von wissenschaftlicher wie praktischer Seite ausgezeichnet.

Aus einer zweiten Quelle, nämlich der zwanzigjährigen Beratungs- und Forschungserfahrung von Arved Lüth speisen sich insbesondere die Kap. 4 und 5, die sich an Praktiker in Unternehmen, Beratungen und Agenturen wenden. Sie basieren auf Hunderten von Beratungsprojekten und konzeptionellen Arbeiten, die Arved Lüth mit seinen Beratungsteams in den Themen industrielle Nachhaltigkeit und Corporate Social Responsibility durchgeführt hat.

Für die praktische Umsetzung von CSR wird hier erstmals das Konzept des transformativen Marketing vorgestellt und mit Tools aus der Beratungspraxis von :response, einem führenden Beratungsunternehmen für Nachhaltigkeit und Unternehmensverantwortung (CSR), ergänzt. CSR in die Marketingpraxis zu integrieren, bedeutet eine Transformation in zweierlei Hinsicht:

1. Die eigene Geschäftstätigkeit durch Marketing ökonomisch, ökologisch und sozial weiterzuentwickeln und sich gegenüber seinen Stakeholdern entsprechend zu positionieren.
2. Seine Stakeholder – insbesondere Kunden – über nachhaltige Verhaltensweisen zu informieren und dazu zu animieren.

Die verschiedenen Disziplinen des transformativen Marketing werden vorgestellt und anhand von Fallbeispielen veranschaulicht. Konkrete Instrumente erleichtern schließlich eine Umsetzung von CSR in die Unternehmenspraxis.

Dr. Marcel Stierl

Arved Lüth

Was Sie in diesem Essential finden können

- Kompaktes Grundlagenwissen zu CSR und Nachhaltigkeit
- Überblick über aktuelle Forschungsergebnisse zu CSR und Marketing
- Einführung zur Integration von CSR in die Marketingpraxis mit realen Fallbeispielen
- Instrumente zur konkreten Umsetzung von CSR in der Unternehmenspraxis
- Glossar und kommentierte Linkliste mit weiterführenden Informationen

Inhaltsverzeichnis

Wachsende Relevanz von CSR in der Unternehmenspraxis

1

In Deutschland veröffentlichen 26 der 30 DAX-Unternehmen regelmäßig Berichte, in denen sie darstellen, auf welche Weise sie ihrer **gesellschaftlichen Verantwortung, Corporate Social Responsibility (CSR)** bezeichnet, nachkommen.[1] Weltweit legten im Jahre 2013 93 % der 250 größten Unternehmen Rechenschaft über ihr Engagement im Bereich CSR ab.[2]

Parallel formiert sich unter Beteiligung privater, öffentlicher und zivilgesellschaftlicher Akteure eine wachsende Zahl von nationalen wie internationalen Initiativen, welche sich mit der Rolle von Unternehmen in der Gesellschaft befassen und sich für CSR-Standards einsetzen.

Zu den prominentesten **weltweiten Initiativen** zählen der Global Compact der Vereinten Nationen, die OECD-Leitsätze für multinationale Unternehmen sowie die Kernnormen der Internationalen Arbeitsorganisation (ILO). Organisationen der deutschen Wirtschaft setzen sich ebenso zunehmend in Foren wie Econsense und CSR Germany vernetzt mit dem Thema auseinander. Gleichzeitig existiert seit 2010 mit der ISO 26000 eine internationale ISO-Norm zum Thema gesellschaftlicher Verantwortung von Organisationen. So lässt sich mit den Worten von Michael Porter resümieren: „CSR has emerged as an inescapable priority for business leaders".[3]

---

[1] Vgl. Sustainalytics (16.12.2013), http://www.sustainalytics.com.

[2] Vgl. KPMG (16. 12. 2013), http://www.kpmg.com.

[3] Porter und Kramer 2006, S. 81.

© Springer Fachmedien Wiesbaden 2015
M. Stierl, A. Lüth, *Corporate Social Responsibility und Marketing*, essentials,
DOI 10.1007/978-3-658-07762-4_1

Die **Triebkräfte für die stetig wachsende Relevanz des Themas CSR** für die Unternehmenspraxis liegen in sich wechselseitig verstärkenden Entwicklungen wirtschaftlicher, gesellschaftlicher und technologischer Natur:[4]

> **Triebkräfte für wachsende Relevanz von CSR in der Wirtschaft**
>
> **Wirtschaftliche Triebkräfte:** Einen zentralen wirtschaftlichen Einflussfaktor stellt die fortschreitende Globalisierung dar. Die globale Wertschöpfung erweitert Kooperationsmöglichkeiten für Unternehmen, führt gleichzeitig jedoch zu steigendem Wettbewerbsdruck, Komplexität und Dynamik. Die daraus resultierenden Risiken bedeuten neue Herausforderungen für das Management von gesellschaftlicher Verantwortung.[5]
>
> **Gesellschaftliche Triebkräfte:** Ausgehend von einem Bedeutungsgewinn von Unternehmen bei gleichzeitigem Bedeutungsverlust von Nationalstaaten erhöht sich die gesellschaftliche Erwartungshaltung an Unternehmen, zur Lösung gesellschaftlicher Probleme beizutragen. Gleichzeitig führen Berichte über unternehmerisches Fehlverhalten und die andauernde internationale Finanz- und Wirtschaftskrise zu einer Erosion des öffentlichen Vertrauens in Unternehmen und deren Aktivitäten.[6] Aus einer den wirtschaftlichen Akteuren und dem marktwirtschaftlichen System zunehmend skeptisch gegenüberstehenden Gesellschaft formieren sich Anspruchsgruppen. Sie gewinnen auf institutioneller Ebene als Teil der Zivilgesellschaft an Einfluss und begleiten die Rolle von Unternehmen kritisch. Ebenso reagieren Bürger in ihren Rollen als Kunde, Arbeitnehmer und Investor sensibler auf das Thema unternehmerischer Verantwortung.[7] So wächst beispielsweise, insbesondere getrieben von institutionellen Investoren, der Markt nachhaltiger Kapitalanlagen, der sogenannten Socially Responsible Investments (SRI), stetig.[8] Eine wachsende Zahl an Standards, Nachhaltigkeitsindizes und CSR-Ratings versucht, (potenziellen) Kunden, Arbeitnehmern und Investoren Orientierung zu geben.[9] Um als Unternehmen diese

---

[4] Vgl. Hansen und Schrader 2005, Suchanek und Lin-Hi 2006 für die folgenden Ausführungen.

[5] Vgl. Matten et al. 2003.

[6] Vgl. Institut für Demoskopie Allensbach 2012.

[7] Vgl. Bhattacharya et al. 2008.

[8] Vgl. Eurosif 2012.

[9] Vgl. Schäfer 2012.

personellen (Kunden, Mitarbeiter) wie finanziellen Ressourcen (Kapital) zu binden und die gesellschaftliche Akzeptanz, die sogenannte „License to Operate", sicherzustellen, gewinnt CSR unweigerlich an Bedeutung.

Technologische Triebkräfte: Durch rasante technologische Entwicklungen haben sich in den letzten Jahren die weltweiten Informations- und Kommunikationsmöglichkeiten bei stetig fallenden Kosten massiv erhöht. So ist es möglich geworden, schnell und unkompliziert Informationen ortsunabhängig zu erhalten und zu verteilen. Als Konsequenz stehen Unternehmen mit ihren globalen Aktivitäten unter permanenter Beobachtung. Damit steigt die Wahrscheinlichkeit, dass unternehmerisches Fehlverhalten enthüllt wird, was erhöhte Reputations- und Sanktionsrisiken für Unternehmen birgt.[10]

Diese Triebkräfte führen dazu, dass Unternehmen durch unterschiedliche gesellschaftliche Akteure verstärkt Verantwortung zugeschrieben wird, woraus neue unternehmerische Herausforderungen im Bereich CSR resultieren.[11] Dies gilt nicht nur für auf Business-to-Consumer-Märkten agierende Organisationen. Auch Unternehmen auf Business-to-Business-Märkten sehen sich zunehmend diesen Herausforderungen ausgesetzt und versuchen über ihr CSR-Engagement notwendige Ressourcen (z. B. Kunden, Mitarbeiter, Investoren) anzuziehen.[12]

Damit entwickelt sich auch das **Rollenverständnis des Marketing** weiter. Marketing ist die Funktion im Unternehmen mit den stärksten Schnittstellen zu externen Stakeholdern. Daher muss das Marketing auf die veränderten Triebkräfte reagieren. Marketing kann darüber hinaus aber einen Schritt weiter gehen und auch darauf abzielen, die Rahmenbedingungen im Sinne einer nachhaltigen Entwicklung zu verändern. Der Begriff „**transformatives Marketing**" bezeichnet genau dieses Marketing in unternehmerischer und gleichzeitig ordnungspolitischer Absicht.[13]

---

[10] Vgl. Suchanek und Lin-Hi 2006.

[11] Vgl. Schreck 2011.

[12] Vgl. Stierl 2013.

[13] Vgl. Belz und Peattie 2012.

2.1 Die Leitidee einer nachhaltigen Entwicklung

Nachhaltigkeit ist zu einem „normativen Schlüsselbegriff der modernen Gesellschaft" avanciert.[1] Der Ursprung des Prinzips der Nachhaltigkeit bzw. der nachhaltigen Entwicklung liegt in der Forstwirtschaft des frühen 18. Jahrhunderts. In Zeiten der frühindustriellen und frühkapitalistischen Expansion Europas wurden massiv natürliche Ressourcen wie Holz benötigt, was zu einer überregionalen Angst vor einer Ressourcenknappheit führte. Der Erkenntnis, dass der Rohstoff Holz nur dann langfristig zur Verfügung steht, wenn maximal so viele Bäume gefällt werden, wie auch wieder nachwachsen, hat **Carl von Carlowitz** im Jahre 1713 mit der Forderung nach einer „nachhaltenden Nutzung des Waldes" Ausdruck verliehen.[2] Er entwickelte einen Handlungsleitfaden gegen den unkontrollierten Ressourcenabbau und hat so den Begriff der Nachhaltigkeit „erfunden". Anschließend wurde dieser regelmäßig in der Forstwirtschaft verwendet. Seinem Ursprung nach ist Nachhaltigkeit somit ein ressourcenökonomisches Prinzip, das ermöglicht, eine Ressource dauerhaft ertragsbringend zu nutzen.

Breite internationale Aufmerksamkeit erlangte die Idee der nachhaltigen Entwicklung – wenn auch noch nicht unter diesem Begriff – einige Jahrhunderte später, im Jahre 1972 mit der Veröffentlichung von „**The Limits to Growth**" (deutsch: „Grenzen des Wachstums") durch Dennis Meadows und Kollegen.[3] Die

---

[1] Specht o.J.

[2] Vgl. von Carlowitz 1713

[3] Vgl. Meadows et al. 1972

© Springer Fachmedien Wiesbaden 2015
M. Stierl, A. Lüth, *Corporate Social Responsibility und Marketing*, essentials,
DOI 10.1007/978-3-658-07762-4_2

Studie, vom Think Tank **Club of Rome** in Auftrag gegeben, analysierte anhand von Computersimulationen die Wechselwirkungen zwischen Bevölkerungsdichte, Nahrungsmittelressourcen, Industrialisierung, Umweltverschmutzung und Ausbeutung von Rohstoffen. Die Autoren kommen zur Schlussfolgerung: „Wenn die gegenwärtige Zunahme der Weltbevölkerung, der Industrialisierung, der Umweltverschmutzung, der Nahrungsmittelproduktion und der Ausbeutung von natürlichen Rohstoffen unverändert anhält, werden die absoluten Wachstumsgrenzen auf der Erde im Laufe der nächsten hundert Jahre erreicht."[4] Sie fordern daraufhin einen Übergang vom Wachstumsgedanken hin zu einem Gleichgewichtszustand. Dieser Bericht, sehr kontrovers diskutiert, markierte den Beginn der jüngeren wissenschaftlichen Debatte zur nachhaltigen Entwicklung.

Der Begriff der **nachhaltigen Entwicklung** (englisch: sustainable development) gelangte schließlich ein Jahrzehnt später in die öffentliche Auseinandersetzung. Die von den Vereinten Nationen eingesetzte Sachverständigenkommission, die sogenannte „Weltkommission für Umwelt und Entwicklung", wurde damit beauftragt, einen Perspektivbericht zu einer langfristig tragfähigen, umweltschonenden Entwicklung zu erarbeiten. Im Jahre 1987 veröffentlichte die Kommission ihren Abschlussbericht **„Our Common Future"**, häufig angelehnt an ihrer Vorsitzenden Gro Harlem Brundtland auch als **Brundtland-Bericht** bezeichnet.[5] Dort findet sich die „klassische" **Definition von nachhaltiger Entwicklung**.

> Nachhaltige Entwicklung ist eine „Entwicklung, die die Bedürfnisse der Gegenwart befriedigt, ohne zu riskieren, dass zukünftige Generationen ihre eigenen Bedürfnisse nicht befriedigen können".[6]

Kern der Definition ist somit eine dauerhafte Entwicklung im Sinne einer **intragenerativen** (innerhalb einer Generation) und **intergenerativen** (zwischen den Generationen) **Gerechtigkeit**. Nachhaltige Entwicklung hat drei Dimensionen – eine wirtschaftliche, eine soziale und eine umweltbezogene – die sich gegenseitig beeinflussen. Daher zielt Nachhaltigkeit darauf, die natürlichen Lebensgrundlagen für zukünftige Generationen zu erhalten, wirtschaftlichen Wohlstand zu ermöglichen und für sozialen Ausgleich zu sorgen.

Der Brundtland-Bericht hat auf globaler politischer Ebene ein Bewusstsein für die Notwendigkeit geschaffen, zukunftsverträglich zu handeln. Er hat damit eine Reihe von Initiativen angestoßen, so die UN Konferenz „Umwelt und Entwicklung" 1992 in Rio de Janeiro mit der Verabschiedung der „Agenda 21", die Ver-

---

[4] Meadows et al. 1972, S. 17
[5] Vgl. Weltkommission für Umwelt und Entwicklung 1987
[6] Hauff 1987, S. 46.

Tab. 2.1 Überblick über Meilensteine der nachhaltigen Entwicklung

Jahr	Ereignis
1713	„Entstehung" des Begriffs der „Nachhaltigkeit" durch Carl von Carlowitz (Forstwirtschaft)
1972	Veröffentlichung der Studie „Limits of Growth" von Meadows u. a. für den „Club of Rome"
1987	Veröffentlichung des Brundtland-Berichts „Our Common Future" durch die UN Weltkommission für Umwelt und Entwicklung; Einführung des Begriffs „Nachhaltige Entwicklung" in die öffentliche Diskussion
1992	UN Konferenz „Umwelt und Entwicklung" (Rio de Janeiro), Verabschiedung der „Agenda 21"
1997	UN Klimaschutz-Konferenz (Kyoto), Verabschiedung des „Kyoto-Protokolls"
2000	UN Millenniumsgipfel, Verabschiedung der Millenniumsziele
2001	Veröffentlichung des Grünbuchs der EU-Kommission „Europäische Rahmenbedingungen für die gesellschaftliche Verantwortung der Unternehmen der EU (CSR)"
2012	UN Konferenz über nachhaltige Entwicklung (Rio de Janeiro) „Rio+20"

einbarung des „Kyoto-Protokolls" in 1997, die UN Millenniumsziele 2000 und die UN Konferenz über nachhaltige Entwicklung „Rio+20" in 2012.

Die Rolle von Unternehmen für eine nachhaltige Entwicklung steht dabei zunehmend in der Diskussion. So erstellte die Europäische Kommission im Jahre 2001 ein Grünbuch mit dem Titel „Promoting a European Framework for Corporate Social Responsibility". Darin wird die gesellschaftliche Verantwortung von Unternehmen als unternehmerischer Beitrag für eine nachhaltige Entwicklung diskutiert. Tabelle 2.1 zeigt Meilensteine der nachhaltigen Entwicklung.

2.2 Definition von CSR

Obgleich weit verbreitet in Forschung und Praxis, existiert eine Reihe unterschiedlicher Definitionen von CSR. Zwei etablierte Definitionen sind die der EU-Kommission und der ISO 26000.

> ➤   Die Europäische Kommission definiert **CSR** als ein Konzept, „das den Unternehmen als Grundlage dient, auf freiwilliger Basis soziale Belange und Umweltbelange in ihre Unternehmenstätigkeit und in die Wechselbeziehungen mit den Stakeholdern zu integrieren".[7] CSR wird damit verstanden als Verantwortung von Unternehmen für ihre Auswirkungen auf die Gesellschaft.

---

[7] Europäische Kommission 2001, S. 8.

Die **internationale Norm ISO 26000** ist ein „Leitfaden zur gesellschaftlichen Verantwortung von Organisationen". Sie definiert CSR als

> Verantwortung einer Organisation für die Auswirkungen ihrer Entscheidungen und Aktivitäten auf die Gesellschaft und die Umwelt durch transparentes und ethisches Verhalten, das
>
> * zur nachhaltigen Entwicklung, Gesundheit und Gemeinwohl eingeschlossen, beiträgt,
> * die Erwartungen der Anspruchsgruppen berücksichtigt,
> * anwendbares Recht einhält und im Einklang mit internationalen Verhaltensstandards steht und
> * in der gesamten Organisation integriert ist und in ihren Beziehungen gelebt wird.[8]

CSR ist dabei eng mit der Leitidee einer nachhaltigen Entwicklung verbunden. CSR kann somit als der unternehmerische Beitrag einer solchen Entwicklung verstanden werden.

Ein spezifisches Instrument von CSR ist das sogenannte **Cause-Related Marketing**. Dabei verbinden Unternehmen den Verkauf eines Produktes mit der Unterstützung eines wohltätigen Zweckes. So lassen Unternehmen beispielsweise einen bestimmten Prozentsatz des Verkaufserlöses eines Produktes einem sozialen Projekt zugute kommen.

2.3   Theoretische Bezugspunkte

Zunächst wird der Stakeholder-Ansatz vorgestellt, ein zentrales Konzept zur Fundierung von CSR. Um zu verstehen, wie Kunden auf ein CSR-Engagement von Unternehmen reagieren, wird anschließend auf das Signaling und die Theorie der sozialen Identität eingegangen.

Der Stakeholder-Ansatz Unternehmen agieren nicht alleine für sich, sondern sind eingebettet in die Gesellschaft. Sie interagieren damit mit einer Vielzahl von unterschiedlichen gesellschaftlichen Akteuren. Diese Anspruchsgruppen, **Stakeholder** genannt, haben jeweils unterschiedliche Anforderungen an das Unternehmen.

---

[8] Vgl. ISO (16.12.2013), http://www.iso.org/iso/home/standards/iso26000.htm.

Abb. 2.1 Exemplarische Stakeholder und ihre Interessen

> ▸ Nach Freeman werden Stakeholder klassischerweise definiert als „**any group or individual who can affect or is affected by the achievement of the organization's objectives**".[9] Das heißt, Stakeholder sind alle internen und externen Personengruppen, die von den unternehmerischen Tätigkeiten direkt oder indirekt betroffen sind bzw. diese Tätigkeiten selbst beeinflussen können.

Nach der Grundprämisse des Stakeholder-Ansatzes stehen Unternehmen in Beziehungen mit einer Vielzahl von Stakeholdern. Diese verfolgen jeweils eigene, teilweise auch konkurrierende Interessen. Jede Gruppe stellt unterschiedliche Erwartungen an das Unternehmen.[10] Das Management ist gefordert, die Interessen der Stakeholder angemessen in seinen Entscheidungen und Handlungen zu berücksichtigen. Abbildung 2.1 zeigt exemplarisch mögliche Stakeholder von Unternehmen und deren Interessen.

---

[9] Freeman 1984, S. 46, vgl. auch Schwartz und Carroll 2008.

[10] Vgl. Bassen und Jastram und Meyer 2005.

Tab. 2.2 Abgrenzung verschiedener Stakeholder-Gruppen

Abgrenzung	Kriterium	Beschreibung	Beispielhafte Stakeholder
Primäre und sekundäre Stakeholder	Primäre Stakeholder	Anspruchsgruppen, welche direkt Einfluss auf den Unternehmenszweck haben; häufig in vertraglicher Beziehung mit dem Unternehmen	Mitarbeiter, Kunden, Lieferanten, Investoren
	Sekundäre Stakeholder	Anspruchsgruppen, welche das Unternehmen indirekt beeinflussen	Medien, Nichtregierungsorganisationen (NGOs), lokale Gemeinde, Gewerkschaften
Interne und externe Stakeholder	Interne Stakeholder	Anspruchsgruppen innerhalb des Unternehmens	Mitarbeiter, Management
	Externe Stakeholder	Anspruchsgruppen außerhalb des Unternehmens	Fremdkapitalgeber, Kunden, Lieferanten, NGOs

Jedoch können letztlich nicht alle Anspruchsgruppen umfassend und aufwendig in unternehmerische Prozesse und Entscheidungen integriert werden. Daher ist es für Unternehmen wichtig, themenspezifisch die bedeutsamen Anspruchsgruppen zu identifizieren und in Bezug auf ihre Relevanz für das Unternehmen zu priorisieren. Anspruchsgruppen lassen sich nach verschiedenen Kriterien gegeneinander abgrenzen, beispielsweise nach primären und sekundären oder nach internen und externen Stakeholdern. Anhand von Kriterien wie Macht, Legitimität und Dringlichkeit können Unternehmen diese Stakeholder priorisieren.[11] Tabelle 2.2 zeigt zwei typische Abgrenzungen von Stakeholder-Gruppen nach bestimmten Kriterien:

Der Stakeholder-Ansatz hat eine Vielzahl von Ausprägungsformen. Donaldson und Preston nehmen eine Unterscheidung in drei Perspektiven vor.[12]

• Die **normative Perspektive** befasst sich mit der moralischen Begründung für die Berücksichtigung von Stakeholder-Interessen, basierend auf verschiedenen ethischen Ansätzen.

---

[11] Vgl. Mitchell et al. 1997.

[12] Vgl. Donaldson und Preston1995.

- Der Stakeholder-Ansatz charakterisiert aus einer **deskriptiven Perspektive** ein Modell, welches zur Beschreibung real existierender Phänomene wie dem Entscheidungsverhalten in Unternehmen genutzt wird.
- Schließlich betrachtet der Ansatz aus **instrumenteller Perspektive** die Folgen der Berücksichtigung von Stakeholder-Interessen. Diese Perspektive stellt somit eine Beziehung zwischen dem Management von Stakeholder-Beziehungen und dem Erfolg eines Unternehmens her und postuliert einen möglichen positiven Zusammenhang.

In seiner Gesamtheit lässt sich der Stakeholder-Ansatz als Antwort auf die in den Augen seiner Vertreter zu einseitige Fokussierung auf den sogenannten **Shareholder Value** in traditionellen Managementansätzen auffassen.[13]

Signaling Das **Signaling** stellt einen Ansatz der **Informationsökonomik** dar. Ausgangspunkt ist die Anerkennung unvollkommener Märkte, auf denen Informationsasymmetrien vorherrschen. So stehen nicht allen Marktakteuren dieselben Informationen zu jedem Zeitpunkt in gleichem Maße zur Verfügung. Dies führt zu Unsicherheit bei den weniger informierten Marktakteuren. Ein Abbau dieser Informationsasymmetrien kann zum einen durch Signaling (Aktivität der besser informierten Seite), zum anderen durch Screening (Aktivität der weniger informierten Seite) erfolgen.[14] Unternehmen können durch ihre Marken, Preise und Garantien Signale an ihre Kunden geben.

Ob Signale das Verhalten von unternehmensexternen Interessensgruppen, wie Kunden, beeinflussen können, ist von ihren spezifischen Charakteristika abhängig. Effektive Signale müssen beobachtbar, vor einer spezifischen Transaktion bekannt und für das signalgebende Unternehmen nicht kostenfrei und nicht leicht zu imitieren sein. Für die Effektivität von Signalen ist zudem ihre Glaubwürdigkeit essenziell.

Studien zeigen, dass Signale die Unsicherheit von Kunden, insbesondere bezüglich der Zuverlässigkeit und Vertrauenswürdigkeit von Anbietern, abbauen können. Das CSR-Engagement eines Unternehmens und die daraus resultierende Reputation können in diesem Sinne als Signale für positive Unternehmenseigenschaften wie Integrität dienen.[15]

---

[13] Vgl. Schwartz und Carroll 2008.

[14] Vgl. Connelly et al. 2011 und Spence 1974 für dieses Kapitel.

[15] Vgl. Homburg et al. 2013.

Theorie der sozialen Identität Ausgangspunkt der Theorie der sozialen Identität ist das Selbstkonzept einer Person. Das Selbstkonzept setzt sich zum einen aus der persönlichen Identität (u. a. individuelle Fähigkeiten und Interessen), zum anderen aus der sozialen Identität zusammen. Die soziale Identität entwickelt sich aus der subjektiv bestimmten Zugehörigkeit zu sozialen Gruppen, der daraus resultierenden Bewertung dieser Zugehörigkeit sowie der emotionalen Bindung an diese Gruppen. Der zentralen Grundannahme der Theorie nach streben Individuen nach einem positiven Selbstwertgefühl.[16]

Ashforth und Mael (1989) übertragen die sozialpsychologische Theorie auf den Kontext von Organisationen. Dabei fassen sie Organisationen, wie beispielsweise Unternehmen, als soziale Gruppe auf und führen die **organisationale Identifikation** als spezielle Form der sozialen Identifikation ein. Die organisationale Identifikation beschreibt den Grad der wahrgenommenen Übereinstimmung eigener Attribute und Werte mit jenen der Organisation.

Bhattacharya und Sen (2003) gehen noch ein Schritt weiter und adaptieren die Theorie in den Kontext von Kunden und Unternehmen. Sie etablieren die sogenannte *Kunden-Anbieter-Identifikation* (englisch: customer-company identification) in die Marketingforschung. Diese beschreibt die psychologische Bindung eines Kunden an ein Unternehmen aufgrund von Überschneidungen zwischen seinen Werten und der wahrgenommenen Identität des Unternehmens.

Basierend auf der Theorie der sozialen Identität kann eine positive Identifikation mit einem Unternehmen das Selbstwertgefühl des Kunden steigern. Gleichzeitig zeigen Marketingstudien, dass eine erhöhte Identifikation den Unternehmenserfolg stärkt, beispielsweise durch gesteigerte Loyalität der Kunden. Kunden unterstützen diese Unternehmen, um ihr eigenes Selbstwertgefühl aufzuwerten.[17]

Eine Reihe von Faktoren beeinflusst die Identität eines Unternehmens. Neben konkret erfassbaren Unternehmenscharakteristika, wie beispielsweise die Branche, angebotene Produkte, die Größe und der geografische Ursprung, resultiert die Identität auch aus unternehmerischen Werten, welche für externe Stakeholder in der Regel nicht direkt zu erfassen sind. Das CSR-Engagement und die daraus resultierende Reputation bieten Möglichkeiten für Unternehmen, ihre Werte und ihre Unternehmenskultur zum Ausdruck zu bringen. Findet sich der Kunde in dieser durch CSR ausgedrückten Unternehmensidentität wieder, so steigert dies seine Identifikation mit dem Anbieter und führt zu entsprechenden positiven Verhaltensreaktionen.[18]

---

[16] Vgl. Fischer und Wiswede 2002, Tajfel und Turner 1985.

[17] Vgl. Homburg et al. 2009.

[18] Vgl. Homburg et al. 2013.

Aktuelle Forschungsergebnisse zu CSR und Marketing 3

3.1 Einführung in die CSR-Forschung

Die wissenschaftliche Auseinandersetzung mit CSR ist von interdisziplinärer Natur. Überblicksartikel aus wirtschaftswissenschaftlicher Perspektive beschreiben eine breitgefächerte Diskussion auch innerhalb dieses Fachs.[1] Die Vielzahl an Arbeiten lässt sich sinnvoll in Studien zu Einflussfaktoren, Studien zur theoretischen Fundierung, Konzeptualisierung und Implementierung sowie Studien zu Auswirkungen von CSR systematisieren. Abbildung 3.1 zeigt einen schematischen Überblick über Schwerpunkte betriebswirtschaftlicher CSR-Forschung.

Einflussfaktoren und Implementierung des CSR-Engagements Eine Reihe unternehmensinterner wie -externer **Einflussfaktoren** wirken auf das CSR-Engagement von Unternehmen.

- Zu den zentralen **unternehmensinternen Treibern** zählen die Unternehmenskultur, die persönlichen Werte der Unternehmensführung und der Eigentümer, die Mitarbeiter sowie der finanzielle Unternehmenserfolg.[2]
- Als **unternehmensexterne Akteure** treiben NGOsin zunehmender Anzahl und mit wachsendem Einfluss, institutionelle Investoren, private wie organisationa-

---

[1] Vgl. Aguinis und Glavas 2012, Hansen und Schrader 2005, Lockett et al. 2006
[2] Vgl. Aguilera et al. 2007, Bansal 2003, Hemingway und Maclagan 2004, Orlitzky et al. 2003

© Springer Fachmedien Wiesbaden 2015
M. Stierl, A. Lüth, *Corporate Social Responsibility und Marketing*, essentials,
DOI 10.1007/978-3-658-07762-4_3

13

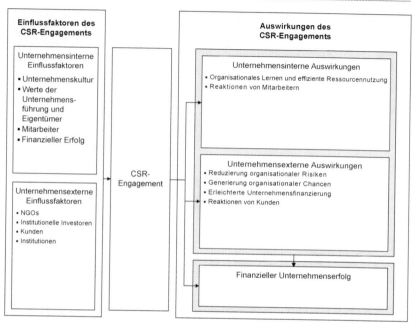

Abb. 3.1 Zentrale Einflussfaktoren und Auswirkungen des CSR-Engagements

le Kunden sowie staatliche Institutionen das unternehmerische CSR-Engagement voran.[3]

Das **Journal of Business Ethics** diskutierte in einer Sonderausgabe die **Implementierung** von CSR in der Unternehmenspraxis. Zentrale Themen stellen die verschiedenen Facetten der gesellschaftlichen Verantwortung, die Entwicklung und Umsetzung von Codes of Conduct, die Integration von CSR in die Produktentwicklung, die Produktion und das Supply Chain Management sowie die entsprechende Berichterstattung dar.[4]

Auswirkungen des CSR-Engagements Die Forschung zu Auswirkungen des CSR-Engagements zentriert sich seit jeher um die Frage, ob sich CSR „rechnet", das heißt im Sinne des **Business Case for CSR** den finanziellen Unternehmenserfolg steigert. Unzählige Studien haben daher den Zusammenhang zwischen der

---

[3] Vgl. Campbell 2007, Carter und Jennings 2004, Matten und Moon 2008, Zadek 2001
[4] Vgl. Lindgreen et al. 2009

Wahrnehmung gesellschaftlicher Verantwortung und dem finanziellen Erfolg von Unternehmen beleuchtet. Verschiedene Meta-Analysen zeigen, dass keine belastbare Evidenz für einen allgemeinen (positiven oder negativen) Zusammenhang existiert. Im Ganzen deuten empirische Studien jedoch mehrheitlich auf eine positive Beziehung hin.[5] Ob CSR einen positiven Beitrag zum Unternehmenserfolg leistet, hängt daher maßgeblich davon ab, *wie* das Management von CSR erfolgt. Kapitel 4 zeigt die Erfolgsfaktoren von CSR in der Unternehmenspraxis auf.

CSR kann sich dabei über unterschiedliche Wirkungsmechanismen auf den wirtschaftlichen Erfolg eines Unternehmens auswirken. Diese Wirkungsmechanismen, auch Mediatoren genannt, können unternehmensinterner oder -externer Natur sein.

Zu den zentralen **internen Mediatoren** zählen

- das **organisationale Lernen** und die **effizientere Ressourcennutzung** durch die Wahrnehmung gesellschaftlicher Verantwortung. Dadurch können Ressourcen und damit Kosten eingespart werden.[6]
- das Verhalten von **aktuellen und potenziellen Mitarbeitern**. CSR kann zu einer höheren Arbeitgeberattraktivität sowie Motivation, Identifikation, Zufriedenheit, Commitment und Loyalität der Mitarbeiter führen.[7]

CSR kann auch über **unternehmensexterne Wirkungsmechanismen** einen Beitrag zum Unternehmenserfolg leisten. Kern der Argumentation ist, dass Unternehmen durch glaubwürdige CSR-Aktivitäten eine Reputation einer gesellschaftlich verantwortungsvoll agierenden Organisation aufbauen. Damit verbessern sie ihre Beziehungen zu Stakeholdern. Eine Reputation als gesellschaftlich verantwortungsvolles Unternehmen kann

- **organisationale Risiken** reduzieren, wie beispielsweise Sanktionen und neue gesetzliche Vorschriften gegen bisherige Unternehmenspraktiken oder den Verlust der gesellschaftlichen Akzeptanz, die sogenannte „License to Operate".[8]
- neue **organisationale Chancen** generieren, zum Beispiel neue Geschäftsmodelle oder gesetzliche Vorschriften zugunsten des Unternehmens.[9]

---

[5] Vgl. Carroll und Shabana 2010, Margolis und Walsh 2003, Orlitzky et al. 2003, Schreck 2011

[6] Vgl. Branco und Rodrigues 2006

[7] Vgl. Korschun 2008, Müller et al. 2012, Sen et al. 2006

[8] Vgl. Godfrey 2005, Luo und Bhattacharya 2009

[9] Vgl. Fombrun et al. 2000, Smith 2003

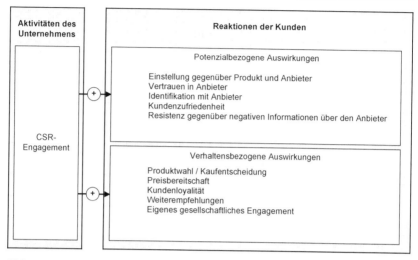

Abb. 3.2 Zentrale Auswirkungen von CSR auf Kunden

- die **Unternehmensfinanzierung** durch den Zugang zum wachsenden Markt für nachhaltige Kapitalanlagen erleichtern. Dadurch reduziert das Unternehmen seine Kapitalkosten.[10]
- zu positiven Reaktionen von **Kunden** führen.[11] Der folgende Abschnitt fasst die zentralen Erkenntnisse der Marketingforschung diesbezüglich zusammen.

3.2 Stand der Forschung zu CSR im Marketing

Auswirkungen von CSR auf Kunden Eine Vielzahl von Marketingstudien befasst sich mit den Auswirkungen von CSR auf Kunden. Sie lassen sich danach kategorisieren, ob die Wahrnehmung oder das Verhalten von Kunden untersucht wurde (siehe Abb. 3.2).

Erstere, verhaltensvorgelagerte Reaktionen von Kunden werden auch als **„potenzialbezogene Marketingziele"** bezeichnet, da sie selbst wiederum das konkrete Verhalten determinieren.[12]

---

[10] Vgl. Luo und Bhattacharya 2009, Schröder 2004, Wang et al. 2008
[11] Vgl. Bhattacharya und Sen 2004, Vaaland et al. 2008
[12] Vgl. Homburg 2012

Studien weisen in der Regel einen positiven Effekt von CSR auf diese **poten-zialbezogenen Marketingziele** nach. Mit CSR kann ein Unternehmen folgende Marketingziele positiv beeinflussen:

- die **Einstellung des Kunden** gegenüber dem Produkt sowie gegenüber dem Unternehmen,[13]
- das **Vertrauen des Kunden** in den Anbieter: Kunden nehmen CSR als ein Signal für weitere positive Unternehmenseigenschaften wie Integrität wahr und haben daher stärkeres Vertrauen in das Unternehmen.[14]
- die **Identifikation des Kunden**: Findet sich ein Kunde in der durch CSR ausgedrückten Unternehmensidentität wieder, so steigert dies seine Identifikation mit dem Anbieter.[15]
- die **Zufriedenheit des Kunden**[16] und
- die **Resistenz von Kunden** gegenüber negativen Informationen über das Unternehmen. Konsumenten tolerieren unternehmerisches Fehlverhalten von ansonsten gesellschaftlich verantwortungsvoll handelnden Unternehmen stärker. Unternehmen können sich somit mit ausgeprägtem CSR-Engagement ein Stück weit gegen negative Ereignisse „versichern", insbesondere wenn dieses Engagement langfristig erfolgt.[17]

Weitere Studien belegen zudem einen positiven Einfluss von CSR auf das *tatsächliche Verhalten* von Kunden, also auf sogenannte „**markterfolgsbezogene Marketingziele**". Mit CSR kann ein Unternehmen folgende Marketingziele positiv beeinflussen:

- die **Produktwahl bei der Kaufentscheidung**: Bei qualitativ und preislich homogenen Produkten kann die CSR-Reputation die Wahl zugunsten eines Anbieters beeinflussen. Bei Preis- oder Qualitätsdifferenzen ist der Einfluss abhängig vom Trade-Off zwischen CSR-Reputation und der Qualität beziehungsweise dem Preis.[18]
- die **Preisbereitschaft** eines spezifischen Konsumentensegments: Für diese Konsumenten, für die Nachhaltigkeit und Gesundheit überdurchschnittlich

---

[13] Vgl. Berens et al. 2005, Klein und Dawar 2004, Sen und Bhattacharya 2001

[14] Vgl. Homburg et al. 2013, Vlachos et al. 2009

[15] Vgl. Homburg et al. 2013, Lichtenstein et al. 2004

[16] Vgl. Bhattacharya et al. 2009, Luo und Bhattacharya 2006

[17] Vgl. Bhattacharya und Sen 2004, Eisengerich et al. 2011

[18] Vgl. Barone et al. 2000, Sen et al. 2006

wichtig sind, hat sich der Begriff **LOHAS** (englisch nach **Lifestyles of Health and Sustainability**) etabliert.[19]

- die **Loyalität der Kunden**. Dies geschieht direkt oder auch indirekt über die bereits vorgestellten „potenzialbezogenen Auswirkungen" von CSR wie zum Beispiel eine erhöhte Identifikation mit und ein erhöhtes Vertrauen der Kunden in das Unternehmen.[20]

- das **Weiterempfehlungsverhalten** von Konsumenten, das sogenannte **Word of Mouth**. Dieser Effekt wird unter anderem von der Identifikation der Konsumenten mit einem Unternehmen getragen. Stark mit einem Unternehmen identifizierte Personen sind an einem Erfolg des Unternehmens interessiert und versuchen es über positives Word of Mouth zu fördern.[21]

Die meisten Studien belegen diese Effekte von CSR in der Regel im Business-to-Consumer-Kontext, untersuchen also die Reaktion von Konsumenten. Aktuelle Arbeiten zeigen jedoch, dass CSR auch auf Business-to-Business-Märkten eine Rolle spielt und damit das Verhalten von organisationalen Kunden positiv beeinflusst.[22]

Zudem bauen Kunden durch den Kontakt mit einem Unternehmen, welches eine ausgeprägte gesellschaftliche Verantwortung wahrnimmt, teilweise ihr eigenes gesellschaftliches Engagement aus. Unternehmen können im diesem Sinne eine Multiplikator-Funktion ausüben.[23]

Einflussfaktoren auf den Zusammenhang von CSR und Kundenreaktion Studien zu den Auswirkungen von CSR auf Kunden berücksichtigen eine Reihe von Kontext-faktoren, sogenannte **Moderatoren**. Diese Moderatoren beeinflussen die Stärke des Effekts, welchen CSR auf die Reaktion von Kunden hat. Sie lassen sich in anbieterbezogene, CSR-bezogene und kundenbezogene Moderatoren kategorisieren (siehe Abb. 3.3).

Zu den zentralen **anbieterbezogenen Einflussfaktoren** auf den Zusammenhang von gesellschaftlichem Engagement und Kundenreaktion zählen die *Leistungsfähigkeit* des Unternehmens: Je leistungsfähiger ein Unternehmen, umso stärker die positiven Auswirkungen von CSR auf das Kundenverhalten.[24]

---

[19] Vgl. Auger et al. 2003

[20] Vgl. Bhattacharya et al. 2009, Homburg et al. 2013

[21] Vgl. Ahearne et al. 2005

[22] Vgl. Homburg et al. 2013, Stierl 2013

[23] Vgl. Lichtenstein et al. 2004

[24] Vgl. Luo und Bhattacharya 2006

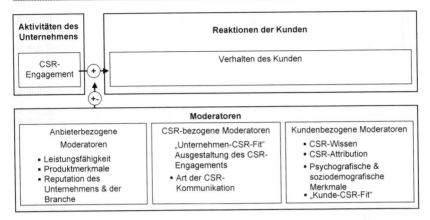

Abb. 3.3 Einflussfaktoren auf den Zusammenhang von CSR und Kundenreaktion

Ein wichtiger **CSR-bezogener Einflussfaktor** ist die Stimmigkeit zwischen dem Kerngeschäft eines Unternehmens und dem Bereich, in dem es gesellschaftliche Verantwortung übernimmt. Dies wird auch als *Unternehmen-CSR-Fit* bezeichnet. Die Mehrheit der Studien zeigt, dass ein hoher Unternehmen-CSR-Fit zu positiveren Reaktionen von Konsumenten führt.[25]

Schließlich beeinflussen **kundenbezogene Einflussfaktoren** die Auswirkung des CSR-Engagements. Dazu gehören

- das **Wissen der Kunden über das CSR-Engagement** des Unternehmens: Ein erhöhtes CSR-Wissen der Kunden verstärkt die positive Kundenauswirkung des gesellschaftlichen Engagements. Studien zeigen, dass dies insbesondere durch eine in das Kerngeschäft integrierte CSR-Strategie erreicht werden kann. So ist das CSR-Wissen von Kunden bei Unternehmen, die sich stark über ihre gesellschaftliche Verantwortung und ihr diesbezügliches Engagement definieren, höher als bei solchen, die CSR eher als einen untergeordneten Aspekt auffassen.[26]

- die sogenannte **CSR-Attribution durch Kunden**: Darunter werden kausale Motivzuschreibungen verstanden, die Kunden vornehmen, um sich das gesellschaftliche Engagement von Unternehmen zu erklären. Denn Kunden hinterfragen zunehmend, welche Motivation und Ziele Unternehmen mit ihrem CSR-Engagement verfolgen. Dabei unterscheiden sie in der Regel zwischen

---

[25] Vgl. Barone et al. 2007, Berens et al. 2005, Ellen et al. 2006

[26] Vgl. Bhattacharya und Sen 2004, Du et al. 2007

zwei grundsätzlichen Arten der Attribution. Gemäß der **Attributionstheorie** wird bei einer **intrinsischen Attribution** die Ursache des Verhaltens in dem handelnden Akteur selbst und somit als Ausdruck seines Charakters und eigener Überzeugungen gesehen. Das heißt, attribuieren Kunden das CSR-Engagement des Unternehmens intrinsisch, so schreiben sie dem Unternehmen eigene, aufrichtige Motive zu. Dies verstärkt die positive Wirkung von CSR. Bei einer **extrinsischen Attribution** hingegen wird das Verhaltensmotiv in externen, durch die Umwelt hervorgerufenen Faktoren außerhalb des handelnden Akteurs selbst gesehen. Kunden vermuten bei einer extrinsischen CSR-Attribution, dass das Unternehmen seine gesellschaftliche Verantwortung lediglich als Reaktion auf den Druck von Stakeholdern wahrnimmt. Vermuten Kunden solche rein extrinsischen Motive, entsteht Skepsis, die wiederum negative Reaktionen der Konsumenten hervorrufen kann. Es sei angemerkt, dass ebenfalls Mischformen zwischen extrinsischer und intrinsischer CSR-Attribution auftreten können.[27]

- **psychografische Merkmale der Kunden**: Kunden mit starker Ausprägung von ethischen Grundwerten wie Altruismus und Hilfsbereitschaft sowie Nachhaltigkeit (Kundensegment der LOHAS) reagieren stärker positiv auf gesellschaftlich verantwortungsvoll handelnde Unternehmen. Dies gilt auch für Personen mit ausgeprägtem Bedürfnis nach Selbstwertsteigerung.[28]
- **soziodemografische Merkmale der Kunden** wie das Alter, Geschlecht, Bildung, Einkommen, Nationalität und ethnische Zugehörigkeit.[29]
- die **Stimmigkeit zwischen dem gesellschaftlichen Engagement und den Interessen der Kunden**, auch bezeichnet als **Kunde-CSR-Fit**: Kunden reagieren stärker positiv auf ein CSR-Engagement, welches sie als inhaltlich relevant erachten.[30]

---

[27] Vgl. Ellen et al. 2006, Vlachos et al. 2009, Yoon et al. 2006
[28] Vgl. Bhattacharya und Sen 2004, Vlachos et al. 2009
[29] Vgl. Auger et al. 2003, Bhattacharya und Sen 2004
[30] Vgl. Sen und Bhattacharya 2001

Integration von CSR in die Marketingpraxis

Im folgenden Praxisteil beleuchten wir die Voraussetzungen, Disziplinen sowie Fallstudien für ein Marketing unternehmerischer Verantwortung. Mit den anschließenden Instrumenten stellen wir wirksame Lösungen zur Gestaltung des Marketing von Unternehmensverantwortung bzw. des transformativen Marketing vor.

> CSR in die Marketingpraxis zu integrieren, bedeutet eine Transformation in zweierlei Hinsicht:
>
> 1. Die eigene Geschäftstätigkeit durch Marketing **ökonomisch, ökologisch und sozial nachhaltiger** weiterzuentwickeln und sich gegenüber seinen Stakeholdern entsprechend zu positionieren.
> 2. Seine Stakeholder – insbesondere Kunden – zu **nachhaltigen Verhaltens- und Konsumweisen** zu informieren und zu animieren (z. B. zur „Collaborative Consumption"). Das Ganze begreifen wir als eine Transformation, weshalb wir im Text auch von **transformativem Marketing** sprechen.

4.1 Voraussetzungen für ein transformatives Marketing

Voraussetzung 1: Die Transformation der Wirtschaft CSR ist das **aktive Management der gesellschaftlichen Verantwortung von Unternehmen.** Hintergrund ist dabei vor allem das große Transformationsszenario der Wirtschaft: Die Begrenztheit von natürlichen Ressourcen, Bevölkerungswachstum und Klimawandel sind

© Springer Fachmedien Wiesbaden 2015   21
M. Stierl, A. Lüth, *Corporate Social Responsibility und Marketing*, essentials,
DOI 10.1007/978-3-658-07762-4_4

nur einige der Aspekte, die eine solche Transformation hin zu einer ökologisch und sozial verträglichen Wirtschaftsweise erfordern.

Eine geeignete Formel prägte Claus Otto Scharmer schon 1996, indem er von einer „reflexiven Modernisierung des Kapitalismus als Revolution von innen" sprach.[1] Nun, das mochte sich damals in den Ohren vieler Manager sehr akademisch angehört haben – heute findet diese Revolution statt. Ideologie oder auch Idealismus spielen hierbei inzwischen kaum mehr eine große Rolle. Es geht bei dieser Transformation um die erneute Verzahnung der effizientesten Institutionen, die die Menschheit bisher hervorgebracht hat – Unternehmen – mit den größten Herausforderungen, die die Grundlagen für Planet und Menschheit bedrohen können. Die Wirtschaft soll mittels eines solchen Programms in die Lage versetzt werden, mit betriebswirtschaftlichen Mitteln und wirtschaftlichem Erfolg die Rolle eines Problemlösers einzunehmen.

> Transformationskonzepte haben unterschiedliche Namen wie **nachhaltige Entwicklung, Shared Value, CSR, ökosoziale Marktwirtschaft, Green Economy, Blue Economy, Circular Economy, Inclusive Business** etc. Sie alle haben unterschiedliche Akzente, konvergieren jedoch in einem Punkt: der notwendigen Transformation der Wirtschaft, um die Grundlagen für die Zukunft nicht zu beeinträchtigen.

Voraussetzung 2: Neue Wertschöpfungsmodelle Neben einem zu steigernden Unternehmenswert soll in dieser Transformation auch direkt ein gesellschaftlicher Wert durch die Geschäftstätigkeit geschaffen werden (vgl. z. B. das **Shared Value-Konzept**, Abb. 4.1).[2] In der Praxis muss dies noch nicht das gesamte Unternehmen betreffen, sondern kann als Projekt beginnen.[3] Langfristig ist aber das Ziel einer Transformation von nicht-nachhaltiger wirtschaftlicher Tätigkeit zu nachhaltigem Wirtschaften im Auge zu behalten – oder wie es Porter nennt: „Die Neuerfindung des Kapitalismus".[4]

Die Rolle des Marketing in einem solch großen Szenario ist die eines Change Agents in der Wirtschaft. Warum? Nirgendwo im Unternehmen gibt es eine so starke Schnittstelle zwischen kommuniziertem Nutzen, externen Erwartungen und unternehmerischem Erfolg.

---

[1] Vgl. Scharmer 1996.

[2] Vgl. u. a. Braungart 2009; Elkington 2012; Lüth et al. 2005, von Weizsäcker et al. 2010.

[3] Vgl. Lüth und Wenzel 2007.

[4] Vgl. Porter und Kramer 2011.

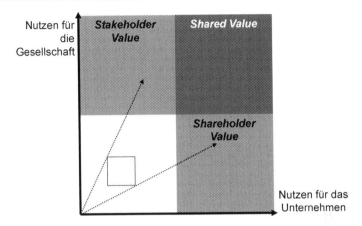

Abb. 4.1   Shared Value-Konzept. (Vgl. Porter und Kramer 2011)

Voraussetzung 3: Natürliche Themen als Basis des Verantwortungsmanagements Der Startpunkt jeglicher Aktivität im Bereich des verantwortungsbewussten Marketing ist die Kenntnis der **natürlichen Themen** des Unternehmens.[5] Worin besteht die individuelle unternehmerische Verantwortung des Unternehmens? Was also sind die relevanten, die wesentlichen Themen eines Unternehmens?

„**Wesentlichkeit**" oder Materialität ist keineswegs ein Fachbegriff des Nachhaltigkeitsmanagements. Wesentlichkeit stammt aus der Betriebswirtschaft, wo der Begriff als „ein den tatsächlichen Verhältnissen entsprechendes Bild der Vermögens-, Finanz- und Ertragslage" definiert wird. Das HGB regelt, dass im externen Berichtswesen über die **wesentlichen** Geschäftstätigkeiten und Auswirkungen berichtet wird. Simon Zadek hat als Erster den Begriff der Wesentlichkeit aus der Praxis der Berichtslegung auch auf Nachhaltigkeitsberichte angewendet – nicht ohne ihn vorher umzudefinieren.

Verlangt die klassische betriebswirtschaftliche Definition der Wesentlichkeit im HGB (§ 264 (2)), dass die „Vermögens-, Finanz- und Ertragslage der Kapitalgesellschaft" wahrheitsgemäß abgebildet wird, so wird in der neu definierten Wesentlichkeit die Dimension der gesellschaftlichen Erwartungen eingeführt – vermittelt durch wesentliche Stakeholder. Inzwischen werden selbst im HGB § 289 (3) die wesentlichen nicht-finanziellen Informationen bzw. Indikatoren vom Gesetz verlangt.

---

[5] Vgl. Lüth et al. 2006, 2008.

Zadeks Umdefinition der Wesentlichkeit wurde folgenreich für die Nachhaltigkeitsberichterstattung und für das Nachhaltigkeitsmanagement. Die **Wesentlichkeitsanalyse (Materialitätsanalyse)** war geboren. Sie ist heute zum Quasi-Standard dafür geworden, die Ergebnisse eines Stakeholder-Dialogs mit den Unternehmensinteressen zu verknüpfen und kompakt darzustellen. Eine solche Analyse ermittelt die natürlichen Themen für ein Unternehmen.

Die Analyse selbst erfolgt idealerweise mithilfe diverser Tools – auch vorhandener Instrumente aus der Marktforschung, gerade wenn es um den wichtigen Stakeholder „Kunde" geht. Die Materialitätsanalyse sammelt, bewertet und priorisiert die natürlichen Themen des Unternehmens. In dieser Analyse werden die unerwünschten Nebenwirkungen der Geschäftstätigkeit sowie die Chancen zur Lösung gesellschaftlicher Probleme unter Einsatz der Kernkompetenzen des Unternehmens identifiziert. Die natürlichen Themen sind dann Grundlage für die CSR-Strategie des Unternehmens (vgl. Kap. 4.3.).

4.2 Die vier Disziplinen des transformativen Marketing

Die Kritik am Marketing erfolgte historisch in Wellen. Sie war stets eingebettet in eine Kritik am Unternehmen oder am kapitalistischen System. Wurde in den 60er bis zu den 70er Jahren noch um das System Kapitalismus versus Sozialismus gerungen, traten in den 80ern immer mehr die Fragen der ökologischen Verantwortung in den Vordergrund. In den 90ern baute sich ein Zweifel an der Legitimität der stark globalisierten Wirtschaftsweise auf. Mit den Globalisierungskritikern – man sprach auch häufig von „Globalisierungsgegnern", die sich anlässlich der großen Gipfel versammelten – entwickelte sich eine globale soziale Bewegung; ein Sammelpunkt war das Weltsozialforum, es entstanden die Adbusters und die NGO attac.

Für uns wichtig ist: In dieser Welle kamen auch zunehmend **einzelne Unternehmen in die Kritik**. Erstmals ging es nicht nur um multinationale Rohstoff-, Waffen-, Nahrungsmittel- oder Automobilkonzerne, sondern gerade um so beliebte junge Lifestyle-Marken wie Nike, GAP, etc. Wichtigster Kritikpunkt war ein Verantwortungsvakuum, das den großen Marken zwar nicht juristisch aber moralisch zugerechnet wurde. Unternehmen wie Nike und andere waren inzwischen reine Marketing-, Design- und Einkaufsorganisationen geworden. Produzieren ließen sie so gut wie nichts mehr in den USA oder in Europa. Sie ließen über Zwischen-

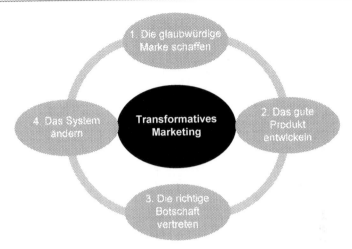

Abb. 4.2 Die vier Disziplinen des transformativen Marketing

händler bei kleinen Werkstätten oder größeren Fabriken in Asien produzieren, die ähnliche Arbeitsbedingungen aufwiesen, die im 19. Jahrhundert in Deutschland zu den Weberaufständen geführt hatten. Nur waren die Regierungen in Asien nicht in der Lage und nicht gewillt, diese Zustände zu ändern. Die Zwischenhändler oder Lieferanten hatten daran natürlich genauso wenig Interesse wie die Einkäufer – Zwischenhändler, die die Ware mit gutem Gewinn weiterverkaufen wollten. International NGOs fingen also an, in Kampagnen auf diese Zustände hinzuweisen. Das führte langsam zu einem Umdenken in westlichen Konzernen; zunächst wurde dies wie ein Kommunikationsproblem behandelt, im Rahmen des Issue Management. Als dies jedoch nicht mehr möglich war, fingen erste Unternehmen damit an, ihre Lieferanten nach sozialen Kriterien zu auditieren. Der hiermit verbundene Lernprozess dauert allerdings bis heute an.

Was können wir aus dieser Kritik für die Weiterentwicklung des Marketing mitnehmen? Wie können wir Marketing so ausrichten, dass es die Verhältnisse verbessert, also transformativ ist? Dazu betrachten wir im Folgenden die **vier Disziplinen des transformativen Marketing** (siehe Abb. 4.2).

Disziplin 1: Die glaubwürdige Marke schaffen Marke bedeutet heute sehr viel mehr als die Wiedererkennung, die durch Aufmerksamkeitsreiz und Wiederholung erzeugt wird: Marken sind Signale für eine Vielzahl an Assoziationen und Erwartungen. Das kann im B2B-Geschäft eine zugeschriebene Zuverlässigkeit,

Termintreue oder Qualität sein. Dazu kommen im B2C-Markt auch differenzier-tere Markenversprechen bis hin zu einer Zugehörigkeit oder Lebenshaltung (Bsp. Apple, Harley Davidson).

Der Verantwortungsaspekt Der Verantwortungskern einer Marke und ihr wirk-licher Wert wurden lange Zeit unterschätzt. Ganz gleich welche Erwartungen an eine Marke geknüpft werden, immer schneller stellt sich heute die Frage nach der Glaubwürdigkeit des Absenders. Hier liegt der Kardinalfehler von Nachhaltig-keitskommunikation, das **Greenwashing**. Es handelt sich um die klassische Wer-belüge, die bei Nachhaltigkeitsversprechen nur allzu gerne begangen wurde: Die Gleichsetzung von Sollen und Sein. Dass eine Markenwelt aus Werten konstruiert sein kann, die mit Nachhaltigkeit kompatibel sind oder sogar Nachhaltigkeit an zentraler Stelle enthalten, hat leider noch nichts damit zu tun, ob die Wertschöp-fungskette des Unternehmens oder einzelner Produkte nachhaltig ist.

Wie eingangs gezeigt, ist einer der direktesten Wege zum Greenwashing die fehlende Durchdringung der Verantwortung des Unternehmens, der natürlichen Themen. Der Irrglaube, ein simpler Markentransfer durch eine klassische Spen-denaktion könne das Feld bestellen, war lange Zeit weit verbreitet. Richtig ist: Zuerst muss das eigene Haus in Ordnung gebracht werden, erst dann sollte man auf dem Markt und bei Meinungsbildnern Aufmerksamkeit beanspruchen.

Das Kapital, das es hier zu schützen gilt, ist das Vertrauen in den Absender. Wenn dies beschädigt oder gar zerstört ist, dauert es sehr lange, bis es wieder auf-gebaut ist. Oder in den Worten des amerikanischen Humoristen Will Rogers: „It takes a lifetime to build a good reputation, but you can lose it in a minute".

Fallbeispiel 1: Eine Großbank und ihre natürlichen Themen
Eine deutsche Großbank kommuniziert intensiv die eigene Gebäudeener-gieeffizienz. Zugleich sieht sie sich mit Vorwürfen über unethische Geld-anlagen, Zinsmanipulationen, Spekulationsgeschäften mit Nahrungsmitteln und fragwürdiger Kundenberatung konfrontiert. Da die Vorwürfe sich seit Jahren halten, sehen wir zumindest Handlungsbedarf in der Kommunikation – wahrscheinlich aber auch in der geschäftlichen Praxis. Ist Gebäudeener-gieeffizienz wirklich ein prioritär wichtiges, natürliches Thema für die Bank oder sollte man dies selbstverständlich – aus Gründen der Kostenersparnis – durchzuführende Projekt nicht etwas in der Kommunikation zurückneh-men? Die Antwort scheint auf der Hand zu liegen. Hier hätte eine gründ-liche **Materialitätsanalyse** zumindest bessere Orientierung gebracht und vielleicht diese Entscheidung verhindert.

Disziplin 2: Das gute Produkt entwickeln Das Produkt ist der Kristallisationspunkt für jeglichen Kundennutzen und damit auch für alle Kritik. Es reicht zunehmend nicht mehr, dass das Produkt seinen funktionalen Nutzen erfüllt. Es muss zudem integer sein: Das T-Shirt, der Fußball, das Erdöl, der Diamant, das Palmöl, die Süßigkeit und tausende weltbekannte Produkte ebenso weltbekannter Unternehmen stehen im Verdacht oder in der Kritik, in der Wertschöpfungskette nicht verantwortungsvoll hergestellt worden zu sein. Vom Rohstoff über die Verarbeitung, über die Logistik und den Vertrieb bis hin zur Nutzungs- und Entsorgungsphase – **Verantwortung betrifft dabei den gesamten Produktlebenszyklus.**

Der Verantwortungsaspekt Gehen von Prozessen im Produktlebenszyklus, auf die das Unternehmen wesentlichen Einfluss hat, an irgendeiner Stelle Gefährdungen – sozial, ökologisch oder auch ökonomisch – aus? In den letzten Jahren gab es hier neben den stets schon beobachteten Prozessen der Produktion, Nutzung und Entsorgung eine Ausweitung des Interesses auch auf die gesamte Wertschöpfungskette. Sind hier ökologische und soziale Aspekte berücksichtigt und werden vom Unternehmen gut gemanagt, ist zu überlegen, welcher Aspekt der Verantwortung für Kunden und Meinungsbildner besonders relevant ist und durch welchen Kanal er kommuniziert wird. So sind Fachkreise aus bestimmten **Stakeholder-Gruppen** mit anderen Informationen zu versorgen als es die Produktkommunikation ermöglicht. Umgekehrt wird in der Produktkommunikation gerne auf eigene (hier ist Vorsicht geboten: Pseudo-Siegel sind ein süßes Gift!) oder durch Stakeholder validierte und unabhängig kontrollierte Siegel zurückgegriffen.

Wenn wir Marketing unter den Bedingungen einer Verantwortungskultur betreiben, müssen wir uns vor allem über das Nutzen/Risiko-Verhältnis des Produktes im Klaren sein. Den tatsächlichen oder vermeintlichen Nutzen eines Produktes an den Kunden zu kommunizieren ist fester Bestandteil des Handwerkes – die Risiken waren aber bisher nicht Bestandteil der Überlegungen. Für das Marketing ist aber nicht das Management dieser Risiken ausschlaggebend, sondern das Kommunikationsmanagement der Risiken. Eine Herausforderung besteht darin, mit dem Bewusstsein des möglichen Risikos oder der Nebenwirkungen des Produktes eine Nutzenkommunikation aufzubauen. Mit Nebenwirkungen sind die nicht-intendierten Folgen der Produktnutzung gemeint. Dies kann Krankheit oder Suchtverhalten etwa in der Alkohol-, Glücksspiel-, Süßwaren- oder Tabakindustrie bedeuten. Aber auch die Nutzung durch Unbefugte/Minderjährige in der Unterhaltungs- oder Mobilfunkindustrie sind bekannte Beispiele.

Letztlich sind auch Aspekte zu berücksichtigen, die eine Diskriminierung bestimmter Milieus oder Bevölkerungsgruppen zur Folge haben. In der Modeindustrie sehen wir im Augenblick eine Vielzahl an Strategien, die genau den General-vorwurf gegen die Branche – nämlich die Idealisierung als unrealistisch empfun-dener Schönheitsstandards, die ein Auslöser für Magersucht sein kann – in ihrer Kernbotschaft umdrehen und damit für sich nutzen (siehe auch Fallbeispiel 5).

Die oben genannten Erwartungen an das Produkt werden sich zunehmend zu normalen Qualitätseigenschaften entwickeln – dafür spricht die in den letzten Jah-ren erfolgte kontinuierliche Integration dieser Aspekte in die Wertschöpfungskette. Die nächste Generation der Differenzierung wird noch weiter reichen und deu-tet sich in folgenden Fragen an: Welches gesellschaftliche Bedürfnis wird durch dieses Produkt befriedigt? Welcher gesellschaftliche Zustand wird durch dieses Produkt verbessert? Warum belastet dieses Produkt das Ökosystem weniger als sein Wettbewerber?

Fallbeispiel 2: Interface und sein „NetEffect"

Im Jahre 1973 gründete Ray Anderson als Antwort auf den Bedarf an fle-xiblen Bodenbelägen im gewerblichen Bereich das US-amerikanische Unternehmen **Interface.** Das Kerngeschäft der börsennotierten Firma ist die Produktion und der Vertrieb von Teppichfliesen. Nach der Lektüre des Buches „Ecology of Commerce" von Paul Hawken und vor dem Hinter-grund, dass der Hauptrohstoff für die Teppichherstellung damals Erdöl war, setzte bei Firmengründer Anderson ein Umdenken ein: In den Neunziger Jahren transformiert er seine international tätige Produktions- und Ver-triebsfirma zu einem Serviceanbieter. Die Teppichfliesen können von nun an im Zuge des ReEntry-Programms geleast werden, d. h. das Unternehmen nimmt seine Produkte zurück und re- oder downcycelt diese. Seitdem hat sich das Unternehmen zu einem **Vorbild für gelebte Nachhaltigkeit** entwi-ckelt. Eine zentrale Initiative dabei ist die **Mission Zero:** Bis 2020 will das Unternehmen sämtliche negative Auswirkungen ihres Wirtschaftens auf die Umwelt eliminieren. So werden beispielsweise schon heute fast alle Teppi-che aus recyceltem Garn gefertigt.

Das Projekt NetEffect wiederum kombiniert **soziale, ökologische und wirtschaftliche Innovation.** Damit differenziert sich Interface: Das ökolo-gische Problem ausrangierter Fischernetze, die die Weltmeere verschmutzen und an denen jährlich unzählige Tiere verenden, wird auf soziale Weise – durch die Beschäftigung von Bewohnern kleiner Fischergemeinden – gelöst. Die innovative Verwendung eines Abfallproduktes als Rohstoff lässt sich wirtschaftlich wirkungsvoll vermarkten. So wird aus der Wertschöpfungs-

kette von Interface ein nahezu **geschlossener Kreislauf** – von der Rohstoff-
beschaffung (NetEffect) über die Produktion (Mission Zero und recyceltes
Garn) bis zum After-Sales-Management und Recycling (ReEntry).[6]

Disziplin 3: Die richtige Botschaft vertreten Die Botschaft spielt beim transformativen Marketing eine zentrale Rolle. Probleme bei der Unternehmenskommuni-
kation und **Greenwashing-Vorwürfe** haben häufig eine der folgenden Ursachen:

- Der Absender ist nicht glaubwürdig.
- Die Botschaft ist nicht glaubwürdig.
- Die Botschaft kommt zur falschen Zeit.

Wie kann der Absender nicht glaubwürdig sein? Nicht nur die Botschaft wird im
Kontext der Nachhaltigkeit auf Herz und Nieren geprüft – zuallererst wird der Absender hinterfragt. So mag ein Unternehmen glaubwürdig als Technologieanbieter,
Rohstofflieferant oder Effizienzberater sein – sobald es erstmals um Nachhaltigkeit geht, ist meist Bescheidenheit angebracht: Der weltgrößte Öllieferant ist zwar
sicherlich grundsätzlich kompetent, aber nicht notwendig als Problemlöser im Bereich nachhaltige Energieversorgung glaubwürdig.

Wie kann eine Botschaft unglaubwürdig sein? Das passiert vor allem dann,
wenn das Versprechen nicht eingelöst werden kann, zum Nachteil anderer rea-
lisiert wird oder wenn das Versprechen ein vergleichsweise irrelevantes Problem
löst.

Warum kann eine Botschaft zur falschen Zeit kommen? Meistens liegt es daran,
dass die Vorhaben noch nicht die nötige Reife haben, um vermarktet zu werden.
Trotzdem möchten Unternehmen frühzeitig kommunizieren, manchmal allerdings
zu früh.

Der Verantwortungsaspekt Transformative Botschaften müssen verschiedene
Anforderungen erfüllen:

- **Ehrlich**: Halbherzige oder unehrliche Botschaften sind in Zeiten von Social
  Media hochriskant, insbesondere, wenn sie einen ethischen Anspruch haben.
  Sie sind ferner riskant, wenn der Botschaft tatsächlich oder vermeintlich eine
  hidden agenda zugrunde liegt, die offensichtlich verschwiegen wird.

---

[6] Interface (15.12.2013), http://www.interface.com.

- **Passend**: Die Botschaft sollte zur Tätigkeit des Unternehmens passen und in klar nachvollziehbarer Beziehung zu seinen Kernkompetenzen stehen (Materialität).
- **Relevant**: Die Botschaft sollte einen Kontext schaffen, der es ermöglicht den unternehmerischen Beitrag in Beziehung zur Problemlösung zu setzen.
- **Ambitioniert-realistisch**: Die Botschaft sollte ein der Bedeutung des Unternehmens oder Produktes angemessenes Ziel formulieren: Sie sollte weder mit dem Projekt den Kampf zur Weltenrettung ausrufen, noch sollte sie eine geringfügige Maßnahme wie eine Wagneroper inszenieren.
- **Verbindlich**: Die Botschaft ist so formuliert, dass auch auf den zweiten Blick das Versprechen gehalten wird. Also keine vagen Botschaften verwenden.

Fallbeispiel 3: Eine deutsche Großbrauerei und der Regenwald
Der Ankauf von einem Quadratmeter Regenwald pro verkauftem Kasten Bier war für eine deutsche Großbrauerei in vielerlei Hinsicht ein gut umgesetztes **Cause-Related Marketing**. Was fehlte war die Relevanz: Kritiker hielten die Aktion für keinen signifikanten Beitrag dazu, den Regenwald zu retten – dies war jedoch die Ambition. Stattdessen rechnete man vor, wie viel Bier man trinken müsse, um nur die Fläche eines Fußballfeldes vor der Abholzung zu bewahren: 90.000 Kästen. Was ebenfalls fehlte war die Passung, das heißt der inhaltliche Bezug einer deutschen Brauerei zum Regenwald. Außerdem vernachlässigte die Kampagne andere negative Auswirkungen der Geschäftstätigkeit, die eher im Verantwortungsbereich des Unternehmens liegen – die „natürlichen Themen" des Unternehmens wie z. B. Alkoholismus bzw. „Komasaufen" von Jugendlichen und Klimaschutz.
Letztlich führte dies zu mehreren Prozessen statt zum erhofften Beifall. So zogen im Sommer 2011 zwei Wirtschaftsvereine gegen die Brauerei vor ein Landgericht – und bekamen Recht: Die Werbeversprechen seien nicht transparent genug, die Ausstrahlung des Werbespots wurde deshalb in seiner damaligen Form verboten.[7] Die Brauerei scheiterte mit ihrer Berufung.[8]
Die Brauerei hat sich über Jahre weiter engagiert, das Engagement optimiert und in einem **Stiftungsprojekt verstetigt**. Das ist auch ein sinnvoller Ort für Aktivitäten, die nicht eng an der Geschäftstätigkeit liegen. Marketingnutzen ist hier durch einen Imagetransfer von der Stiftung auf die Marke

---

[7] Vgl. Handelsblatt 2002.
[8] Vgl. Absatzwirtschaft 2003.

bzw. das Unternehmen zu leisten; dementsprechend werden diese Aktivitäten auch bedeutend wohlwollender beurteilt. Aber eins ist dem Unternehmen damit nicht gelungen: Nachhaltigkeit durch seine Marketingstrategie wirklich ins Unternehmen zu integrieren und dadurch weitere Wettbewerbsvorteile zu realisieren. Das Engagement bleibt ein externer Faktor, ein philanthropisches Statement.

Disziplin 4: Das System andern Die vierte Disziplin setzt auf der **Ebene der Spielregeln** im Markt an. Es gibt im Marketing mindestens zwei Bereiche, die hier zu beachten sind. Nahe liegt die Frage, ob eine Strategie, eine Kampagne oder ein Messeauftritt externe Schäden produziert. Wo kommt das Papier her, auf dem Plakate und Werbemittel gedruckt werden? Sind die Giveaways unter fragwürdigen Bedingungen produziert worden? Gibt es Alternativen zum Materialverbrauch?

Noch bedeutender ist es, sich mit der Grundfrage auseinander zu setzen, der sich das Marketing zu stellen hat: Weckt das Marketing Bedürfnisse, die ohne dasselbe gar nicht vorhanden wären? Wird hierdurch ein System gefördert, das auf einem nicht-haltbaren Wachstum basiert und verschwenderische Konsum- und Lebensstile fördert? Sicher kann man auf dem Standpunkt stehen, dass die Entscheidungen hierüber an höherer Stelle gefällt werden. Das ist eine unbefriedigende Antwort für viele High Potentials und Kunden aus der „Generation Y". Man kann aber auch versuchen die **Spielregeln zu ändern.** Wie das umzusetzen ist zeigen die folgenden Fallbeispiele.

Der Verantwortungsaspekt Marketing als eine Schlüsseldisziplin für erhöhten Konsum und Wachstum steht seit vielen Jahren, sogar Jahrzehnten, immer wieder in der Kritik. Die Debatte hat viele Stimmen – das Spektrum reicht von einer grundsätzlichen Ablehnung oder radikalen Systemkritik bis hin zu einem informierten Reformwillen zur Weiterentwicklung des bestehenden Systems. Wir orientieren uns hier an den konstruktiven Vorschlägen, die aus dem System heraus funktionieren sollen. Natürlich kann daher die Antwort auf die Kritik am Wachstum nicht sein, dass Wachstum nun schleunigst zu beenden sei, sondern dass **Wachstum und Ressourcenverbrauch voneinander zu entkoppeln** sind. Diese Entkopplung findet faktisch schon statt – allerdings wird sie durch Wohlstandsgewinne hier und das Wachstum der Schwellenländer auf der anderen Seite wieder komplett aufgebraucht. Effizienzgewinne führen gelegentlich gar zum Gegenteil: Durch Produktivitätsgewinne und den sogenannten **Rebound-Effekt** (Jevons Paradox) werden mitunter mehr Ressourcen verbraucht.

Ein zweiter Aspekt: Aufgrund seiner Funktion im Unternehmen hat das Marketing u. a. zunächst die Aufgabe, einen Produktnutzen so zu kommunizieren, dass er zum Kaufakt führt. Leider hat Marketing dadurch auch oft die Funktion, ein Bedürfnis zu erzeugen, das zu einem Kauf führt, der objektiv gesehen besser unterblieben wäre. „Objektiv" heißt hier: Er führt zu einem Nettoverlust beim individuellen Wohlstand und/oder zu einem gesellschaftlichen oder ökologischen Schaden. Dieser Aspekt ist ein Strukturproblem des Marketings, das nur systemisch zu lösen ist.

Fallbeispiel 4a: Dove und seine „Initiative für wahre Schönheit"
Anfang der 2000er Jahre beobachtete Unilever, dass sich das Wachstum bei seiner Pflegemarke Dove kontinuierlich abflacht. Ursache war ein fehlender „Appeal" der Marke bei der Zielgruppe. Eine Befragung von Frauen in 11 Ländern zeigte: Nur zwei Prozent der Frauen empfanden sich selbst als „schön". Ihr Vorwurf lautete: Die Medien- und Werbebranche diktiere seit Jahren unrealistische Schönheitsideale und definiere den Begriff „Schönheit" zu eng. Die Reaktion von Dove war die im Jahr 2005 gelaunchte **„Initiative für wahre Schönheit"**: Statt schlanken, dem gängigen Schönheitsideal entsprechenden Models, posierten „normale" Frauen verschiedener Generationen in Unterwäsche auf Postern und in Werbespots.
Dove Deutschland wollte mit der Initiative „eine Diskussion über bestehende Schönheitsideale anregen, um langfristig die eher eindimensionale Definition von Schönheit in der Gesellschaft zu erweitern". Damit griff Dove aktiv in die Gestaltung gesellschaftlicher Werte ein und nutzte ihre Position als Mitgestalter der Werbebranche öffentlichkeitswirksam aus – u. a. durch die Schaltung von Spots in den Werbepausen von „Germany's Next Topmodel". Dies bescherte der bereits 50 Jahre alten Marke einen so enormen Image Shift, dass sie ein Wachstum im zweistelligen Prozentbereich verbuchen konnte und den Marken-Award 2006 in der Kategorie „Bester Marken-Relaunch" gewonnen hat.[9] Einige Jahre später erweiterte Dove diese systemische Komponente und legte sich selbst die Verpflichtung auf, nur noch Models mit einem Body-Mass-Index (BMI) über 18,5 zu buchen. Dies entspricht einer Einstufung der Weltgesundheitsorganisation, wonach ein BMI unter diesem Wert als gesundheitsgefährdend gilt.[10]

---

[9] Vgl. Absatzwirtschaft 2006.
[10] Vgl. Süddeutsche Zeitung 2010.

Fallbeispiel 4b: Patagonia und seine Initiative „Don't buy this Jacket"
Während Unilever mit den Kampagnen für Dove geschickt eine Nische fand, sich durch eine Kritik am vorherrschenden Schönheitsideal zu positionieren, wählte der Outdoor-Ausrüster Patagonia einen noch radikaleren Ansatz. Patagonia sieht seine Verantwortung nicht nur darin, die eigenen Produkte ökologisch und sozial korrekt herzustellen und andererseits Naturschutz als Ausgleich durchzuführen. Vielmehr geht es Patagonia in seiner Kampagne um die Nebenwirkung seiner Geschäfts- und Marketingaktivitäten selbst, die das Bedürfnis nach etwas Neuem erzeugen, das „man" möglicherweise gar nicht braucht. Hierzu hat Patagonia eine Aufklärungsinitiative gestartet, die genau dieses Phänomen adressiert: Patagonia schaltete eine Anzeige, die über einer Outdoor-Jacke von Patagonia die Überschrift trug: „Don't buy this Jacket". Und zwar nicht irgendwo, sondern in der New York Times und auch nicht irgendwann, sondern am Black Friday im Jahr 2011. Darunter erläuterte das Unternehmen, was stattdessen besser zu tun sei, nämlich auf keinen Fall kaufen, was man nicht brauche, sondern bewusst zu konsumieren, gebraucht zu kaufen oder zu reparieren. Skeptiker werden dies als reine Positionierungsstrategie einordnen.

Instrumente zur Umsetzung von CSR   5

Im Folgenden werden die **wichtigsten Instrumente zur Umsetzung** der Kommunikation von Nachhaltigkeit und Verantwortung kurz dargestellt. Zunächst wird als Grundlage des strategischen Marketing von Verantwortung das Instrument der **Materialitätsanalyse** vorgestellt. Mit ihm werden die natürlichen oder wesentlichen Themen des Unternehmens festgestellt. Als zweites Instrument wird der **Stakeholder-Dialog** präsentiert – ein Instrument, das zunehmend höhere Bedeutung erlangt und von vielen Managementvordenkern schon als Instrument des strategischen Managements verstanden wird. Das nächste Instrument ist der **Nachhaltigkeitsbericht.** In diesem inzwischen unter Großunternehmen weit verbreiteten Tool ist die gesammelte Nachhaltigkeitsleistung bzw. auch die Nachhaltigkeitsplanung des Unternehmens dargestellt. Für manches Unternehmen ist der Nachhaltigkeitsbericht inzwischen ein führendes Instrument für das Nachhaltigkeitsmanagement. Unternehmen wie BASF haben bereits einen **integrierten Geschäfts- und Nachhaltigkeitsbericht** – ein Trend der sich in Initiativen wie dem IIRC (Mervyn King) und SASB (Michael Bloomberg) fortsetzen wird. Abschließend werden die wichtigsten Instrumente der **externen Validierung** vorgestellt. Hier sind **Label** wie auch **externe Zertifizierung** oder **Nachhaltigkeitsratings** mögliche Tools, um die Glaubwürdigkeit bei unterschiedlichen Stakeholder-Gruppen zu erhöhen.

© Springer Fachmedien Wiesbaden 2015   35
M. Stierl, A. Lüth, *Corporate Social Responsibility und Marketing*, essentials,
DOI 10.1007/978-3-658-07762-4_5

5.1   Die Materialitätsanalyse

Wer die natürlichen Themen des Unternehmens identifizieren will, muss verschiedene Bereiche betrachten. So können sich Chancen und Risiken in vielerlei Hinsicht ergeben.

- Produkt und Branche (z. B. Waffen, Pharma, industrielle Nahrungsmittelproduktion)
- Wertschöpfungskette (z. B. in der Textilindustrie)
- Mitarbeiterstruktur (z. B. Leiharbeiter, Genderfragen)
- Kundenstruktur (z. B. minderjährige Kunden bei Alkohol)
- Schlüsseltechnologie (z. B. Fracking, Nanotechnologie)
- Unternehmenshistorie (z. B. geschäftliche Beziehungen zu Diktaturen)
- Wettbewerbsposition (z. B. als Marktführer hohes Risiko, für die Gesamtbranche in Haftung genommen zu werden)

Abbildung 5.1 stellt das **idealtypische Vorgehen bei einer Materialitätsanalyse** mit den Phasen „Identifizierung", „Priorisierung" und „Beurteilung" vor.

Das Ergebnis einer solchen Analyse ist die **Wesentlichkeitsmatrix (Materialitätsmatrix)**, in der die identifizierten „natürlichen Themen" mit ihrer Bedeutung für das Unternehmen und seine Stakeholder abgebildet werden (Abb. 5.2). Anhand einer Wesentlichkeitsmatrix lassen sich nun anschaulich diejenigen Nachhaltigkeitsthemen bestimmen, auf die ein besonderes Augenmerk gelegt werden soll:

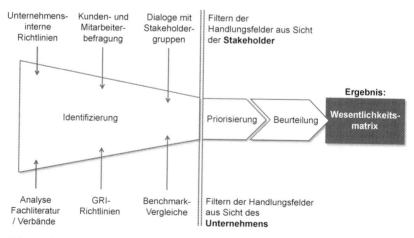

Abb. 5.1 Vorgehen bei einer Materialitätsanalyse

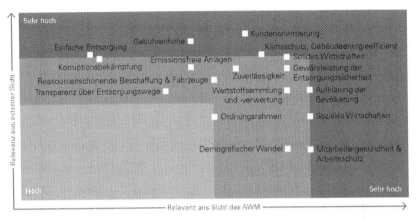

Abb. 5.2 Materialitätsmatrix vom Abfallwirtschaftsbetrieb München. (AWM (16.09.2014), http://www.awm-muenchen.de/wir-ueber-uns/nachhaltigkeit.html)

Diejenigen Themen, die sowohl Stakeholder als auch das Unternehmen als höchst relevant eingeschätzt haben.

5.2 Kommunikation von Verantwortung

Dialog mit Stakeholdern Der Dialog mit den relevanten Stakeholdern des Unternehmens ist ein wesentlicher Baustein für die Kommunikation von Nachhaltigkeit und Verantwortung. Es gibt unterschiedliche Arten, in den Dialog mit den Stakeholdern zu treten. Grundsätzlich gibt es **drei Arten von Stakeholder-Dialogen**:

- Das professionalisierte **Coprorate Listening** – Instrumente, die im Bereich der Markt- und Meinungsforschung zu verorten sind, aber auch die Auswertung von Panels, Social Media etc.
- Der zweite Bereich umfasst alle Aktivitäten im Bereich **Positioning** – meistens sind dies Auftritte auf Konferenzen, aber auch die Webpräsenz selbst sowie mediale Vermittlung der Aktivitäten.
- Der dritte Bereich sind **Dialogveranstaltungen**, bei denen in der Interaktion mit Stakeholdern Feedback oder Input für strategische Initiativen gesammelt oder aber auch gemeinsam an Lösungen gearbeitet wird. Teile der Verbandsarbeit und die Präsenz in Normungsausschüssen oder Netzwerken sind auch diesem Bereich zuzurechnen. So essentiell dieser Bereich ist, so selten wird er angemessen bearbeitet. Die führenden Unternehmen im Bereich Nachhaltigkeit arbeiten seit Jahrzehnten in diesem dritten Bereich, aber Stakeholder-Dialoge sind noch kein Alltagsphänomen in der Unternehmenspraxis.

Inhaltlich sollte in Stakeholder-Dialogen vor allem zu Themen gearbeitet werden, die in der Materialitätsanalyse bestimmt wurden oder die eine Chance haben, dort aufgenommen zu werden. Neben einem Abgleich und der Priorisierung von Themen, die das Unternehmen für entscheidend hält, wird es hier aber auch um konkrete Umsetzungsfragen oder kritische Hinweise der Stakeholder gehen.

Zwei wichtige Aspekte seien hier genannt: Die Auswahl der Stakeholder entscheidet über die Qualität des Dialogs. Die Auswahl sollte an den natürlichen Themen des Unternehmens orientiert sein. Der zweite Aspekt betrifft die Durchführung. Hier kommt es darauf an, die richtige Balance zwischen notwendiger Information, klarem Ziel und neutraler Gesprächsführung zu erzielen. Den Unterschied zwischen einem Stakeholder-Dialog und einer Klüngelrunde macht die sorgfältige Auswahl, Vorbereitung, Moderation und der Follow up aus. Oft wird vergessen, die Stakeholder persönlich auf dem Laufenden zu halten, was aus ihren Empfehlungen oder Einschätzungen gefolgt ist. Beliebt ist die Integration von Stakeholder-Feedback in den Nachhaltigkeitsbericht.

CSR- und Nachhaltigkeitsbericht Das klassische Instrument der Nachhaltigkeitskommunikation ist der **Nachhaltigkeitsbericht**. Dieser wird als Printversion und/oder zunehmend als interaktiver Online-Bericht veröffentlicht. Er informiert interne und externe Stakeholder über die unternehmerische Leistung im Hinblick auf die Ziele einer nachhaltigen Entwicklung. Somit legt der Bericht Informationen über die ökonomische, ökologische und soziale Leistung sowie das Führungsverhalten offen.[1]

Es gibt keine gesetzlichen Vorschriften zur Veröffentlichung eines Nachhaltigkeitsberichts. Der **Deutsche Nachhaltigkeitskodex** vom Rat für Nachhaltige Entwicklung ist ein nationaler, auf freiwilliger Basis beruhender Standard. International hat sich der Leitfaden der **Global Reporting Initiative** (GRI, aktuelle Version G4), der sogenannte „GRI-Berichtsrahmen", zum Quasi-Standard der Nachhaltigkeitsberichterstattung entwickelt.[2] Demnach sollten Organisationen bei der Bestimmung der Nachhaltigkeitsthemen folgende **Prinzipien** beachten:

- **Wesentlichkeit oder Materialität**: Die Angaben sollten Themen behandeln, die entweder bedeutenden ökonomischen, ökologischen und/oder sozialen Einfluss der Organisation widerspiegeln oder maßgeblichen Einfluss auf die Beurteilungen von Stakeholdern haben.
- **Einbeziehung von Stakeholdern**: Die berichtende Organisation sollte seine Stakeholder angeben und im Bericht erläutern, inwiefern es auf deren Erwartungen und Interessen eingeht.

---

[1] Vgl. Schaltegger 2007.
[2] Vgl. Global Reporting Initiative, https://www.globalreporting.org/.

- **Nachhaltigkeitskontext**: Der Bericht sollte die Leistung der Organisation im größeren Zusammenhang einer nachhaltigen Entwicklung darstellen.
- **Vollständigkeit**: Der Bericht sollte die Themen so abdecken, dass die wesentlichen ökonomischen, ökologischen und sozialen Auswirkungen dargestellt werden, um Stakeholdern eine Beurteilung der Leistung zu ermöglichen.

Nach GRI sollte ein Nachhaltigkeitsbericht standardmäßig folgende Informationen enthalten:

- **Strategie und Profil**: Angaben, die dazu beitragen, die Leistung der Organisation in einem größeren Zusammenhang zu verstehen. Dazu gehören ihre Strategie, Profil und Angaben zur Corporate Governance.
- **Managementansatz**: Angaben zur Herangehensweise der Organisation an die Nachhaltigkeitsthemen.
- **Leistungsindikatoren**: Quantitative oder qualitative Key Performance Indicators (KPIs), die vergleichbare Informationen über die ökonomische, ökologische und soziale Leistung der Organisation liefern. Inhaltlich werden die drei Nachhaltigkeitsdimensionen Ökonomie, Ökologie und Soziales (Arbeitspraktiken, Menschenrechte, Gesellschaft, Produktverantwortung) abgedeckt.

Aktuell gibt es internationale Bestrebungen, den Nachhaltigkeitsbericht in dem etablierten Jahresbericht zu integrieren und damit einen Rahmen zur integrierten Berichterstattung zu schaffen.[3] Ein solcher integrierter Berichtsrahmen wird als „**Integrated Reporting**" bezeichnet.

5.3   Glaubwürdigkeit durch externe Validierung

Einsatz von Nachhaltigkeitslabels In Deutschland gibt es geschätzt über tausend Label, die Anzahl hat in den letzten zehn Jahren deutlich zugenommen. Sie sollen auf besondere Qualitäten von Produkten und Dienstleistungen, z. B. gesundheitliche, soziale oder ökologische Eigenschaften, hinweisen und der Abgrenzung gegenüber anderen Produkten dienen. Ursprünglich als schneller Rat bei Kaufentscheidungen gedacht, haben Label allein durch ihre Vielzahl diesen Nutzen für viele Verbraucher verloren.

Die Begriffe „**Label**" und „**Siegel**" werden oft synonym verwendet. Unternehmen entwickeln oft ihre eigenen Siegel, sogenannte **Eigensiegel**. Beispiele hierfür sind Fairglobe (Lidl), ProPlanet (Rewe) oder OneWorld (Aldi Süd). Da es betriebswirtschaftlich sehr aufwendig ist, ein neues Siegel zu konzipieren und glaub-

---

[3] Vgl. International Integrated Reporting Council 2014.

würdig umzusetzen, ist eine sinnvolle Alternative, sich etablierten, unabhängigen Siegeln von unternehmensexternen Akteuren anzuschließen. **Beispiele für solche unabhängigen Siegel** sind: Der Blaue Engel (Ziele: Umwelt/Gesundheit, Klima, Wasser, Ressourcen), FSC (umweltverantwortliche, sozial verträgliche und ökonomisch tragfähige Bewirtschaftung der Wälder der Erde), FairTrade (Verbesserung fairer Handelsbeziehungen), GOTS (umwelt- und sozialverantwortliche Herstellung von Textilien), BIO (Produkte aus ökologischem Landbau; soziale Aspekte werden nicht berücksichtigt) und Demeter (berücksichtigt ökologische, soziale und ökonomisch nachhaltige Aspekte).[4]

Nachhaltigkeitsratings Sowohl in der Zivilgesellschaft als auch in der Wirtschaft existiert ein zunehmendes Bewusstsein für die Grenzen der Verfügbarkeit von Ressourcen und sozial verträglichem Wirtschaften. Daher ist es nur logisch, dass auch die Bewertung von Unternehmen sich nicht mehr lediglich auf deren Finanzstärke stützt: **Nachhaltigkeitsratings** (Synonym: CSR-Ratings) gewinnen immer mehr an Bedeutung.

Nachhaltigkeitsratings bewerten den Umgang von Unternehmen mit ökologischen und sozialen Herausforderungen. Einerseits können Unternehmen ihre aktuellen und potenziellen Investoren mithilfe dieser Ratings über ihre Nachhaltigkeitsaktivitäten informieren. Andererseits wird so Kapitalgebern die Möglichkeit gegeben, ihre Anforderungen hinsichtlich nachhaltiger Unternehmensleistungen bei ihren Kapitalanlageentscheidungen zu berücksichtigen.

Daher sind diese Ratingansätze insbesondere für große Unternehmen aus Finanzierungssicht von wachsender Relevanz. Dies zeigt sich auch im Marktwachstum für **Socially Responsible Investments**: Zwischen 2009 und 2011 ist dieses Marktsegment etwa 35 % stärker gewachsen als der Gesamtmarkt. Um auf diese gestiegene Nachfrage reagieren zu können, sollten Unternehmen Struktur und Inhalte der gängigen Rating-Ansätze kennen.

Je nach Ansatz werden v. a. börsennotierte Unternehmen nach ökologischen, sozialen und ethischen Kriterien bewertet. Die Ratingagenturen stützen sich beispielsweise auf Firmeninformationen wie Nachhaltigkeitsberichte und Websites oder befragen die Unternehmen selbst. Zusätzlich berücksichtigen sie häufig auch externe Quellen wie Datenbanken, wissenschaftliche Publikationen oder die Meinungen von verschiedenen Stakeholdern, wie z. B. Umwelt- oder Menschenrechtsorganisationen.

Renommierte Ratingagenturen, die Nachhaltigkeitsratings erstellen, sind Oekom Research, Sustainalytics, RobecoSAM und FTSE. Führende Nachhaltigkeitsindizes sind der Dow Jones Sustainability World Index (DJSI) und der

---

[4] Eine Übersicht verschiedener Labels finden Sie auf www.label-online.de.

FTSE4Good. Ersterer basiert auf dem sogenannten Best-in-Class-Prinzip: Von den 2500 größten Konzernen der Welt ermitteln die Analysten diejenigen Unternehmen, die in den drei gleich gewichteten Bereichen Ökonomie, Ökologie und Soziales die branchenbeste Leistung erbringen. Der FTSE4Good betrachtet v. a. die Themenbereiche Nachhaltigkeit und Corporate Governance und arbeitet ebenfalls nach dem Best-in-Class-Prinzip. Zudem gibt es zahlreiche Ausschlusskriterien, wie z. B. die Herstellung von Waffen, und Positivkriterien, die auf den Normen des UN Global Compact und der Menschenrechtskonvention basieren.

5.4 Fazit

Worum ging es in diesem kurzen Abriss zu CSR und Marketing? Marketing ist eine Schlüsseldisziplin der Betriebswirtschaft und die zunehmende Diskussion um eine neuartige Verantwortung der Wirtschaft auch für Themen, die nicht einklagbar – also juristisch regelbar sind – macht auch vor dem Marketing nicht halt. Der Ansatz des Buches ist es, das Marketing als einen strategischen Partner im Unternehmen für das Thema Nachhaltigkeit und gesellschaftliche Verantwortung zu etablieren. Die Aufgabe ist groß: Das System der globalen Produktion, der Arbeitsteilung, des Warenaustausches und der Finanzströme führt nicht nur zu Wohlstandsgewinnen. Es führt auch zu einer erheblichen Belastung der Umwelt und zum Verbrauch von nicht erneuerbaren, endlichen Ressourcen sowie zu stark unterschiedlichen Wohlstandsentwicklungen in der Welt. Sollte die Menschheit wirklich nicht in der Lage sein, dies zu ändern? Wir denken, dass mit Kreativität gepaart mit effizienter Umsetzung grundsätzlich alle Menschheitsprobleme zu lösen sind – und wo anders sollte man dies finden als im Marketing!

Was Sie aus diesem Essential mitnehmen können

Sie erhalten…

- ein solides Verständnis und Grundlagenwissen zu CSR und Nachhaltigkeit.
- einen Überblick über die zentralen wissenschaftlichen Erkenntnisse zu CSR und Marketing.
- eine Einführung zur Integration von CSR in die Marketingpraxis mit realen Fallbeispielen.
- erprobte Instrumente zur konkreten Umsetzung und Kommunikation von CSR in der Unternehmenspraxis.
- ein Glossar und eine kommentierte Linkliste mit weiterführenden Informationen.

© Springer Fachmedien Wiesbaden 2015   43
M. Stierl, A. Lüth, *Corporate Social Responsibility und Marketing*, essentials,
DOI 10.1007/978-3-658-07762-4

Anhang

Glossar

- **Business Case**: Der Business Case beschreibt die Steigerung der wirtschaftlichen Leistungsfähigkeit eines Unternehmens durch eine nachhaltige Unternehmensführung. Damit ist der Business Case das zentrale Argument für unternehmerisches Engagement.
- **Cause-Related Marketing** ist so genanntes zweckgebundenes Marketing: Der Kauf eines Produkts oder einer Dienstleistung wird damit beworben, dass das Unternehmen einen Teil der Erlöse einem sozialen Zweck oder einer gemeinnützigen Organisation zukommen lässt.
- **Collaborative Consumption**: Dieser Begriff bezeichnet eine Form des Konsums, bei der Produkte oder Dienstleistungen nicht im persönlichen Besitz von Konsumenten sind, sondern stattdessen geteilt werden. Das Motto der wachsenden Bewegung dieser sogenannten „Sharing Economy" heißt daher „Teilen statt Kaufen".
- **Corporate Citizenship (Unternehmensbürgerschaft)**: Die prominenteste Perspektive betrachtet Corporate Citizenship als Teilbereich von CSR und bezeichnet damit das freiwillige philanthropische Engagement eines Unternehmens gegenüber dem Gemeinwesen. Unternehmen handeln hier als „korporativer Bürger", engagieren sich aktiv für soziale und ökologische Belange außerhalb ihres Kerngeschäfts. Typische Aktivitäten sind Gründung einer Unternehmensstiftung, Spenden und Engagement von Mitarbeitern (Corporate Volunteering).
- **Corporate Governance (Grundsätze der Unternehmensführung)**: Der Begriff bezeichnet die Regeln und Richtlinien für die verantwortungsvolle Leitung und Kontrolle eines Unternehmens. Er hat zum Ziel, unter Berücksichtigung der verschiedenen Stakeholder eine wert- und erfolgsorientierte Unternehmens-

© Springer Fachmedien Wiesbaden 2015
M. Stierl, A. Lüth, *Corporate Social Responsibility und Marketing*, essentials,
DOI 10.1007/978-3-658-07762-4

führung zu schaffen, die eine Steigerung des Unternehmenswertes sowohl öko-nomisch als auch gesellschaftlich sicherstellt.

- **Corporate Responsibility (Unternehmensverantwortung)**: In Deutschland wird der Begriff häufig als Synonym für CSR verwendet. Ursprünglich ist es ein ganzheitliches Konzept, das die Kernelemente CSR, Corporate Governance und Corporate Citizenship umfasst.

- **Corporate Social Responsibility (CSR)** bezeichnet die gesellschaftliche Ver-antwortung eines Unternehmens gegenüber seinen Stakeholdern. Das Konzept von CSR integriert die gesellschaftliche Verantwortung von Unternehmen in ihr Kerngeschäft.

- **Corporate Volunteering** steht für den persönlichen Einsatz der Mitarbeiter eines Unternehmens für gemeinnützige Zwecke.

- **Deutscher Nachhaltigkeitskodex**: Der Nachhaltigkeitskodex ist ein freiwilli-ger Standard, der die Nachhaltigkeitsleistungen von Unternehmen sichtbar ma-chen und damit zu einer höheren Transparenz, Verbindlichkeit und Vergleich-barkeit des Nachhaltigkeits- managements von Unternehmen führen soll. Er ist ein zentrales Instrument des „Rats für Nachhaltige Entwicklung", der die Bundesregierung bei der Umsetzung und Weiterentwicklung der nationalen Nachhaltigkeitsstrategie berät.

- **Global Reporting Initiative**: Die Global Reporting Initiative (GRI) setzt sich für eine transparente, standardisierte und damit vergleichbare Form der Bericht-erstattung der Nachhaltigkeitsleistung ein und hat dafür einen umfassenden Rah-men für Nachhaltigkeitsberichterstattung erarbeitet, aktuell in der Version G4.

- **ILO-Kernarbeitsnormen**: Die ILO-Kernarbeitsnormen (ILO, englisch: International Labour Organisation) sind Mindeststandards, die weltweit allen Arbeitnehmern ein Recht auf menschenwürdige Arbeit einräumen. Sie beruhen auf den vier Grundprinzipien der ILO: Vereinigungsfreiheit und Recht auf Kol-lektivverhandlungen, Beseitigung der Zwangsarbeit, Abschaffung der Kinder-arbeit und Verbot der Diskriminierung in Beschäftigung und Beruf.

- **Kerngeschäft**: Das Kerngeschäft bezeichnet das eigentliche, bedeutendste Geschäftsfeld eines Unternehmens, das hauptsächlich den Erlös des Unterneh-mens sichert.

- **Key Performance Indicator (KPI)**: Der KPI bezeichnet eine Kennzahl, die den Fortschritt oder den Erfüllungsgrad wichtiger Zielsetzungen innerhalb eines Unternehmens ermittelt.

- **Materialitätsanalyse (Wesentlichkeitsanalyse)**: Im Rahmen einer Materiali-tätsanalyse werden die wesentlichen („natürlichen") Themen eines Unterneh-mens unter Berücksichtigung der Stakeholder bestimmt und priorisiert. Als we-sentlich oder auch „materiell" wird ein Thema angesehen, das gleichzeitig eine hohe Relevanz für die Stakeholder wie auch für das Unternehmen selbst besitzt. Im nächsten Schritt werden aus den Ergebnissen Handlungsmaßstäbe abgeleitet.

- **Nachhaltige Entwicklung:** Nachhaltige Entwicklung kann nur dann stattfinden, wenn ökologische, soziale und wirtschaftliche Ziele gleichzeitig und gleichberechtigt umgesetzt werden. Für Unternehmen bedeutet das: Wenn sie nachhaltig operieren, d. h. ökonomische, ökologische und soziale Ziele in Einklang bringen, vermindern sie nicht nur ihre langfristigen Risiken, sondern sie realisieren auch Wettbewerbsvorteile. Der Begriff wurde bekannt durch den 1987 veröffentlichten Perspektivbericht der „World Commission on Environment and Development" der Vereinten Nationen, den sogenannten „Brundtland-Bericht". Hier ist nachhaltige Entwicklung definiert als eine „Entwicklung, die die Bedürfnisse der Gegenwart befriedigt, ohne zu riskieren, dass zukünftige Generationen ihre eigenen Bedürfnisse nicht befriedigen können".
- **Nachhaltiger Konsum:** Der Konsum von Gütern und Dienstleistungen ist nachhaltig, wenn er die Bedürfnisse der Konsumenten erfüllt, dabei aber Umwelt und Ressourcen schont und sowohl sozialverträglich als auch ökonomisch tragfähig ist.
- **Nachhaltigkeitsrating:** Nachhaltigkeitsratings (auch CSR-Ratings genannt) betrachten und bewerten den Umgang von Unternehmen mit ökologischen und sozialen Herausforderungen.
- **Nachhaltigkeitssiegel:** Nachhaltigkeitssiegel (auch Nachhaltigkeitslabel genannt) sollen auf besondere Qualitäten von Produkten und Dienstleistungen hinweisen und der Abgrenzung gegenüber anderen Produkten dienen. Sie informieren über die sozialen und/oder ökologischen Bedingungen im Herstellungsprozess, um so einen zukunftsfähigen Konsum zu fördern und sozialer Ausbeutung und/oder Umwelt- und Gesundheitsschäden vorzubeugen.
- **OECD-Leitsätze für multinationale Unternehmen:** Die Leitsätze der Organisation für Wirtschaftliche Zusammenarbeit und Entwicklung (OECD) sind ein Verhaltenskodex für weltweit verantwortliches Handeln von Unternehmen. Die Leitsätze legen damit einen Standard für Unternehmen fest, basieren jedoch auf Freiwilligkeit und sind nicht rechtsverbindlich. Es handelt sich um Empfehlungen von Regierungen (34 OECD-Mitglieder plus acht weitere Staaten) an die Wirtschaft, die folgende Bereiche umfassen: verantwortliches Unternehmerverhalten, Transparenz, Arbeitsbeziehungen, Umwelt, Korruption, Verbraucherschutz, Technologietransfer, Wettbewerb und Steuern.
- **Rebound-Effekt:** Eine Effizienzsteigerung bei der Nutzung einer Ressource führt häufig dazu, dass unterm Strich eine daraus resultierende Mehrnachfrage nach der Ressource entsteht. Die Ressource wird dann nicht weniger, sondern mehr genutzt.

- **Shared Value**: Mit dem Konzept des Shared Value sind Praktiken gemeint, die die Wettbewerbsfähigkeit eines Unternehmens erhöhen und zugleich die wirtschaftlichen, sozialen und ökologischen Bedingungen der Gesellschaft verbessern, in der es tätig ist. Besonderen Wert wird darauf gelegt, Verbindungen zwischen gesellschaftlichem und wirtschaftlichem Fortschritt zu identifizieren und zu stärken.
- **Socially Responsible Investments (SRI)/Nachhaltige Kapitalanlagen**: Oberbegriff für Anlagekonzepte, die auf dem Prinzip der Nachhaltigkeit beruhen. Es fallen sowohl sehr strenge nachhaltige Geldanlagen darunter, die teilweise bis zu 300 ökologische, soziale und ethische Kriterien überprüfen, als auch verantwortliche Investments, bei denen nur einzelne umstrittene Branchen ausgeschlossen sind, wie beispielsweise die Rüstungsindustrie.
- **Stakeholder**: Stakeholder sind alle Anspruchs- und Interessengruppen von Unternehmen. Gemeint sind damit all jene Gruppen, die durch Handlungen des Unternehmens beeinflusst werden. Diese umfassen u. a. Mitarbeiter, Konsumenten, Aktionäre, Zulieferer, die lokale Bevölkerung, Behörden, NGOs, die Öffentlichkeit und alle anderen Personen, die einen Bezug zum Unternehmen haben.
- **UN Global Compact**: Der UN Global Compact ist ein globales Abkommen, das zwischen Unternehmen und den Vereinten Nationen geschlossen wird. Die unterzeichnenden Unternehmen verpflichten sich, ihre Geschäftstätigkeit an 10 universellen Prinzipien aus den Bereichen Menschenrechte, Arbeitsnormen, Umweltschutz und Korruptionsbekämpfung zu orientieren und sie zu fördern.

Weiterführende Links

Bertelsmann Stiftung: Programm „Unternehmen in der Gesellschaft"	Mit dem Programm „Unternehmen in der Gesellschaft" schlägt die Bertelsmann Stiftung eine Brücke zwischen wirtschaftlicher Praxis und den wissenschaftlichen Erkenntnissen zum Beitrag von Unternehmen für eine nachhaltige Entwicklung	http://www.bertelsmann-stiftung.de
CSR Germany	Die Internetplattform der Spitzenverbände der deutschen Wirtschaft, BDA, BDI, DIHK und ZDH, zeigt Praxisbeispiele von engagierten Unternehmen , schafft ein Netzwerk und fördert den Erfahrungsaustausch	http://www.csrgermany.de
econsense (Forum Nachhaltige Entwicklung der Deutschen Wirtschaft e.V.)	econsense (Forum Nachhaltige Entwicklung der Deutschen Wirtschaft e. V.) ist ein Netzwerk von weltweit tätigen Unternehmen und Organisationen der deutschen Wirtschaft mit den Themenschwerpunkten Corporate Social Responsibility und nachhaltige Entwicklung	http://www.econsense.de
Global Compact in Deutschland	Inhalt des Global Compact der Vereinten Nationen ist die freiwillige Verpflichtung von Unternehmen weltweit, bestimmte soziale und ökologische Standards einzuhalten. Das deutsche Netzwerk des Global Compact versteht sich als Plattform für Erfahrungsaustausch, gemeinsames Lernen und Infobörse rund um das Thema verantwortungsvolle Unternehmensführung	http://www.unglobalcompact.org
Global Reporting Initiative (GRI)	Die Global Reporting Initiative (GRI) setzt sich für eine transparente, standardisierte und damit vergleichbare Form der Berichterstattung der Nachhaltigkeitsleistung ein und hat dafür einen umfassenden Rahmen für Nachhaltigkeitsberichterstattung erarbeitet	http://www.globalreporting.org
ISO 26000	Die Nachhaltigkeitsrichtlinie ISO 26000 ist ein Leitfaden zur sozialen und gesellschaftlichen Verantwortung von Unternehmen und Organisationen	http://www.iso.org
Rat für Nachhaltige Entwicklung (RNE)	Der Rat für Nachhaltige Entwicklung ist ein Expertengremium, das die Bundesregierung bei der Umsetzung und Weiterentwicklung der nationalen Nachhaltigkeitsstrategie berät	http://www.nachhaltigkeitsrat.de
World Business Council for Sustainable Development (WBCSD)	Der WBCSD ist eine von Unternehmensvorständen geführte globale Organisation zum Thema Wirtschaft und Nachhaltige Entwicklung	http://www.wbcsd.org

Literatur

Absatzwirtschaft. (2006). http://www.absatzwirtschaft.de/. Zugegriffen: 12. Feb. 2014.
Absatzwirtschaft. (2003). http://www.absatzwirtschaft.de/. Zugegriffen: 12. Feb. 2014.
Aguilera, R. V., Rupp, D. E., Williams, C. A., & Ganapathi, J. (2007). Putting the S back in corporate social responsibility: A multilevel theory of social change in organizations. *Academy of Management Review, 32*(3), 836–863.
Aguinis, H., & Glavas, A. (2012). What we know and don't know about corporate social responsibility: A review and research agenda. *Journal of Management, 38*(4), 932–968.
Ahearne, M., Bhattacharya, C. B., & Gruen, T. (2005). Antecedents and consequences of customer-company identification: Expanding the role of relationship marketing. *Journal of Applied Psychology, 90*(3), 574–585.
Auger, P., Burke, P., Devinney, T. M., & Louviere, J. J. (2003). What will consumers pay for social product features? *Journal of Business Ethics, 42*(3), 281–304.
AWM. (2014). http://www.awm-muenchen.de/wir-ueber-uns/nachhaltigkeit.html. Zugegriffen: 16. Sept. 2014.
Bansal, P. (2003). From issues to actions: The importance of individual concerns and organizational values in responding to natural environmental issues. *Organization Science, 14*(5), 510–527.
Barone, M. J., Miyazaki, A. D., & Taylor, K. A. (2000). The influence of cause-related marketing on consumer choice: Does one good turn deserve another? *Journal of the Academy of Marketing Science, 28*(2), 248–262.
Bassen, A., Jastram, S., & Meyer, K. (2005). Corporate social responsibility. *Eine Begriffsklärung. Zeitschrift für Wirtschafts- und Unternehmensethik, 6*(2), 231–236.
Belz, F. M., & Peattie, K. (2012). *Sustainability marketing: A global perspective.* USA: Wiley.
Berens, G., van Riel, C. B. M., & van Bruggen, G. H. (2005). Corporate associations and consumer product responses: The moderating role of corporate brand dominance. *Journal of Marketing, 69*(3), 35–48.
Bhattacharya, C. B., & Sen, S. (2004). Doing better at doing good: when, why, and how consumers respond to corporate social initiatives. *California Management Review, 47*(1), 9–24.

© Springer Fachmedien Wiesbaden 2015
M. Stierl, A. Lüth, *Corporate Social Responsibility und Marketing,* essentials,
DOI 10.1007/978-3-658-07762-4

Bhattacharya, C. B., Korschun, D., & Sen, S. (2009). Strengthening stakeholder-company relationships through mutually beneficial corporate social responsibility initiatives. *Journal of Business Ethics, 85*(2), 257–272.

Branco, M. C., & Rodriguez, L. L. (2006). Corporate social responsibility and resource-based perspectives. *Journal of Business Ethics, 69*(2), 111–132.

Braungart, M., & McDonough, W. (2009). *Cradle to cradle: Remaking the way we make things.* New York: North Point Press.

Campbell, J. L. (2007). Why would corporations behave in socially responsible ways? An institutional theory of corporate social responsibility. *Academy of Management Review, 32*(3), 946–967.

von Carlowitz, H. C. (1713). *Sylvicultura oeconomica, Anweisung zur wilden Baumzucht.* Reprint der Ausgabe Leipzig/Freiberg.

Carroll, A. B., & Shabana, K. M. (2010). The business case for corporate social responsibility: A review of concepts, research and practice. *International Journal of Management Reviews, 12*(1), 85–105.

Carter, C. R., & Jennings, M. M. (2004). The role of purchasing in corporate social responsibility: A structural equation analysis. *Journal of Business Logistics, 25*(1), 145–186.

Connelly, B. L., Certo, S. T., Ireland, R. D., & Reutzel, C. R. (2011). Signaling theory: A review and assessment. *Journal of Management, 37*(1), 39–67.

DIN ISO. http://www.sr.din.de/. Zugegriffen: 15. Dez. 2013.

Donaldson, T., & Preston, L. E. (1995). The stakeholder theory of the corporation: Concepts, evidence, and implications. *Academy of Management Review, 20*(1), 65–91.

Du, S., Bhattacharya, C. B., & Sen, S. (2007). Reaping relational rewards from corporate social responsibility: The role of competitive positioning. *International Journal of Research in Marketing, 24*(3), 224–241.

Elkington, J. (2012). *The zeronauts: Breaking the sustainability barrier.* New York: Earthscan.

Ellen, P. S., Webb, D. J., & Mohr, L. A. (2006). Building corporate associations: consumer attributions for corporate socially responsible programs. *Journal of the Academy of Marketing Science, 34*(2), 147–157.

Europäische Kommission. (2001). *Promoting a European framework for corporate social responsibility.* Brüssel.

Eurosif. (2012). *European SRI Study.* Brüssel.

Fischer, L., & Wiswede, G. (2002). *Grundlagen der Sozialpsychologie* (2. Aufl). München: Oldenbourg.

Fombrun, C. J., Gardberg, N. A., & Barnett, M. L. (2000). Opportunity platforms and safety nets: Corporate citizenship and reputational risk. *Business & Society Review, 105*(1), 85–106.

Freeman, R. E. (1984). *Strategic management: A stakeholder approach.* Boston: Pitman.

FSC Deutschland. (2013). http://www.fsc-deutschland.de/. Zugegriffen: 12. Feb. 2014.

Godfrey, P. C. (2005). The relationship between corporate philanthropy and shareholder wealth: A risk management perspective. *Academy of Management Review, 30*(4), 777–798.

Handelsblatt. http://www.handelsblatt.com/archiv/. Zugegriffen: 12. Feb. 2014.

Hansen, U., & Schrader, U. (2005). Corporate Social Responsibility als aktuelles Thema der Betriebswirtschaftslehre. *Die Betriebswirtschaft, 65*(4), 327–432.

Hauff, V. (1987). *Unsere gemeinsame Zukunft – Der Brundtland-Bericht.* Greven.

Hemingway, C. A., & Maclagan, P. W. (2004). Managers' personal values as drivers of corporate social responsibility. *Journal of Business Ethics, 50*(1), 33–44.

Homburg, C. (2012). *Marketingmanagement* (4. Aufl). Wiesbaden: Gabler.

Homburg, C., Stierl, M., & Bornemann, T. (2013). Corporate social responsibility in business-to-business markets: How organizational customers account for supplier corporate social responsibility engagement. *Journal of Marketing, 77,* 54–72.

Homburg, C., Wieseke, J., & Hoyer, W. D. (2009). Social Identity and the service-profit chain. *Journal of Marketing, 73*(2), 38–54.

Institut für Demoskopie Allensbach (2012). *Wirtschaftliches Verständnis und ordnungspolitische Positionen der Bevölkerung.* Allensbach.

International Integrated Reporting Council. http://www.theiirc.org/. Zugegriffen: 10. Feb. 2014.

Interface.. http://www.interfaceflor.de/. Zugegriffen: 10. Feb. 2014.

Interface. http://www.interface.com/US/en-US/global. Zugegriffen: 15. Dez. 2013.

Klein, J. G., & Dawar, N. (2004). Corporate social responsibility and consumers' attributions and brand evaluations in a product-harm crisis. *International Journal of Research in Marketing, 21*(3), 203–217.

KPMG.http://www.kpmg.com. Zugegriffen: 16. Dez. 2013.

Lichtenstein, D. R., Drumwright, M. E., & Braig, B. M. (2004). The effect of corporate social responsibility on customer donations to corporate-supported nonprofits. *Journal of Marketing, 68*(4), 16–32.

Lindgreen, A., Swaen, V., & Maon, F. (2009). Introduction: Corporate social responsibility implementation. *Journal of Business Ethics, 85*(2), 251–256.

Lockett, A., Moon, J., & Visser, W. (2006). Corporate social responsibility in management research: Focus, nature, salience and sources of influence. *Journal of Management Studies, 43*(1), 115–136.

Lüth, A., & Welzel, C. (2007). Vom engagierten Unternehmen zum Verantwortungspartner – CSR im deutschen Mittelstand. *Umweltwirtschaftsforum, 15*(3), 148–154.

Lüth, A., Helmchen, C., & Schäfers, S. (2005). Levels of new governance from a corporate perspective. *The Journal of Corporate Citizenship.*

Lüth, A., Riess, B., & Welzel, C. (2008). *Mit Verantwortung handeln – ein CSR-Handbuch für Unternehmer.* Wiesbaden: Gabler.

Lüth, A., et al. (2006). Verantwortung für die Gesellschaft, verantwortlich für das Geschäft. In B. Riess (Hrsg.). Berlin: Bertelsmann Stiftung.

Luo, X., & Bhattacharya, C. B. (2006). Corporate social responsibility, customer satisfaction, and market value. *Journal of Marketing, 70*(4), 1–18.

Luo, X., & Bhattacharya, C. B. (2009). The debate over doing good: Corporate social performance, strategic marketing levers, and firm-idiosyncratic risk. *Journal of Marketing, 73*(6), 198–213.

Margolis, J. D., & Walsh, J. P. (2003). Misery loves companies: rethinking social initiatives by business. *Administrative Science Quarterly, 48*(2), 268–305.

Matten, D., & Moon, J. (2008). „Implicit" and „Explicit" CSR: A conceptual framework for a comparative understanding of corporate social responsibility. *Academy of Management Review, 33*(2), 404–424.

Meadows, D., et al. (1972). *Die Grenzen des Wachstums. Bericht des Club of Rome zur Lage der Menschheit.* Stuttgart.

Mitchell, R. K., Agle, B. R., & Wood, D. J. (1997). Toward a theory of stakeholder identification and salience: Defining the principle of who and what really counts. *Academy of Management Review, 22*(4), 853–886.

Müller, K., Hattrup, K., Spiess, S. O., & Lin-Hi, N. (2012). The effects of corporate social responsibility on employees' affective commitment: A cross-cultural investigation. *Journal of Applied Psychology, 97*(6), 1186–1200.

Orlitzky, M., Schmidt, F. L., & Rynes, S. L. (2003). Corporate social and financial performance: A meta-analysis. *Organization Studies, 24*(3), 403–441.

PEFC. (2011).https://pefc.de/. Zugegriffen: 12. Feb. 2014.

Porter, M. E., & Kramer, M. R. (2011). Die Neuerfindung des Kapitalismus. *Harvard Business Manager, 33*, 59–75.

Scharmer, C. O. (1996). *Reflexive Modernisierung des Kapitalismus als Revolution von innen: Auf der Suche nach Infrastrukturen für eine lernende Gesellschaft.* Stuttgart: Schäffer-Poeschel.

Schäfer, H. (2012). Nachhaltigkeitsindizes. In A. Schneider & R. Schmidpeter (Hrsg.), *Corporate Social Responsibility – Verantwortungsvolle Unternehmensführung in Theorie und Praxis* (S. 651–662). Berlin: Springer.

Schreck, P. (2011). Ökonomische Corporate Social Responsibility Forschung – Konzeptionalisierung und kritische Analyse ihrer Bedeutung für die Unternehmensethik. *Zeitschrift für Betriebswirtschaft, 81*(7–8), 745–769.

Schröder, M. (2004). The performance of socially responsible investments: Investment funds and indices. *Financial Markets and Portfolio Management, 18*(2), 122–142.

Schwartz, M., & Carroll, A. B. (2008). Integrating and unifying competing and complimentary frameworks: The search for a common core in the business and society rield. *Business and Society, 47*(2), 148–186.

Schutzgemeinschaft Deutscher Wald.http://www.sdw.de/. Zugegriffen: 12. Feb. 2014.

Sen, S., & Bhattacharya, C. B. (2001). Does doing good always lead to doing better? Consumer reactions to corporate social responsibility. *Journal of Marketing Research, 38*(2), 225–243.

Sen, S., Bhattacharya, C. B., & Korschun, D. (2006). The role of corporate social responsibility in strengthening multiple stakeholder relationships: A field experiment. *Journal of the Academy of Marketing Science, 34*(2), 158–166.

Smith, N. C. (2003). Corporate social responsibility: Whether or how? *California Management Review, 45*(4), 52–76.

Specht, D. (o. J.). Stichwort: Nachhaltigkeit, Gabler Wirtschaftslexikon. http://wirtschaftslexikon.gabler.de. Zugegriffen: 26. Okt. 2013.

Spence, M. A. (1974). *Market signaling: Informational transfer in hiring and related screening processes.* Cambridge: Harvard University Press.

Stierl, M. (2013). *Corporate Social Responsibility: Eine Analyse aus Anbieter- und Kundenperspektive in Business-to-Business-Märkten.* Wiesbaden: Springer Fachmedien Wiesbaden GmbH.

Suchanek, A., & Lin-Hi, N. (2006). *Eine Konzeption unternehmerischer Verantwortung.* Diskussionspapier Nr. 2006–2007, Wittenberg-Zentrum für Globale Ethik.

Süddeutsche, Z. (2010). http://www.sueddeutsche.de/. Zugegriffen: 12. Feb. 2014.

Sustainalytics (2012). Die Nachhaltigkeitsleistungen deutscher Großunternehmen. http://www.sustainalytics.com/sites/default/files/sustainalytics_dax_30_studie_2011_0.pdf. Zugegriffen: 16. Dez. 2013.

Tajfel, H., & Turner, J. (1985). The social identity theory of intergroup behavior. In S. Worchel & W. G. Austin (Hrsg.), *Psychology of intergroup relations* (S. 6–24). Chicago: Nelson-Hall.

Vaaland, T. I., Heide, M., & Grønhaug, K. (2008). Corporate social responsibility: Investigating theory and research in the marketing context. *European Journal of Marketing, 42*(9/10), 927–953.

Vlachos, P. A., Tsamakos, A., Vrechopoulos, A. P., & Avramidis, P. K. (2009). Corporate social responsibility: Attributions, loyalty, and the mediating role of trust. *Journal of the Academy of Marketing Science, 37*(2), 170–180.

Wang, H., Choi, J., & Li, J. (2008). Too little or too much? Untangling the relationship between corporate philanthropy and firm financial performance. *Organization Science, 19*(1), 143–159.

Weizsäcker, E. Uv, Hargroves, C., & Smith, M. (2010). *Faktor Fünf. Die Formel für nachhaltiges Wachstum.* München: Droemer.

Weltkommission für Umwelt und Entwicklung. (1987). *Our Common Future. „Brundtland Report".* Oxford.

Yoon, Y., Gürhan-Canli, Z., & Schwarz, N. (2006). The effect of corporate social responsibility (csr) activities on companies with bad reputations. *Journal of Consumer Psychology, 16*(4), 377–390.

Zadek, S. (2001). *The civil corporation, The new economy of corporate citizenship.* Earthscan